ALFRED HITCHCOCK

Galgenvögel singen nicht

KRIMI-KNÜLLER BAND II

 **Krimi**

Inhalt

Der Wüstenfuchs

Kaum eine Viertelstunde war es her, daß sie von der Autobahn in die Schotterstraße eingebogen waren, die quer durch die Wüste führte. Und trotzdem – der eintönige Ausblick auf den glühenden Sand, die Steinbrocken und die halbverdörrten Kakteen ging Bryce bereits mächtig auf die Nerven. Eine Eidechse jagte im Zickzack über den Weg, gefolgt von einem Raubvogel, der ihr nach dem Leben trachtete.

Wäre ich die Eidechse, so dachte Bryce bei sich, ich würde mich platt auf den Boden legen, alle viere von mir strecken und aufgeben. Es war einfach zu heiß!

Bryce zog ein Taschentuch aus seiner Westentasche und wischte sich über die schweißbedeckte Stirn. Die verflixte Klimaanlage des Wagens funktionierte nicht richtig, es war zum Verzweifeln. Er fühlte sich wie ein Truthahn im Backrohr, schmorend im eigenen Saft. Er griff nach der Kurbel, um das Fenster zu öffnen.

„Würdest du die Güte besitzen und das Fenster zulassen?" meinte der Mann hinterm Steuer, ohne die Straße aus den Augen zu lassen. Seine Stimme klang ruhig, fast gleichmütig, und doch war seine freundliche Bitte ein Befehl.

Bryce schaute ihn von der Seite an. Augie sah aus, als hätte er soeben ein erfrischendes Duschbad genommen; die kochende Hitze schien ihm überhaupt nichts auszumachen. Augie gehörte zu der eiskalten Sorte, das stand fest. Er hatte den Coup von A bis Z durchdacht – und zwar perfekt durchdacht, zumindest was seine Person anbetraf. Selbst als sie noch in der Bank waren, hatte er keinen Augenblick die Ruhe verloren: Ganz gelassen, so als erteile er seinen Untergebenen irgendwelche Anweisungen, hatte er dem Bankdirektor und den Schalterbeamten befohlen, den Safe zu öffnen und den Inhalt in seine Reisetasche zu füllen. Augie mußte Nerven wie Drahtseile haben!

Er, Bryce, war es gewesen, der am Ausgang plötzlich seine 45er Automatik gezogen und abgedrückt hatte. Der getroffene Aufseher war auf der Stelle zu Boden gesunken und reglos liegengeblieben. Als sie dann im Wagen saßen und aus der Stadt jagten, hatte Augie lediglich gesagt: „Das war völlig überflüssig, Bryce. Wenn er stirbt und wir werden erwischt, dann lautet die Anklage auf Mord. Aber natürlich werden wir nicht erwischt", hatte er noch hinzugefügt.

Das war alles. Bryce aber wußte, daß Augie höchst verärgert war. Seine Pläne mußten immer wie am

Schnürchen klappen, sonst war er nicht zufrieden.

„Augie, es… es tut mir furchtbar leid", stammelte Bryce.

„Bitte, Bryce, erspar dir deine Selbstbeschuldigungen. Ich will nichts mehr von der Sache hören. Schau her, die Straße steigt bereits langsam an. In einer halben Stunde sind wir mitten im Gebirge. Dort wird uns die Polizei niemals finden."

„Wenn sie uns hier vermuten, brauchen sie uns erst gar nicht zu suchen, Augie. Nach dieser Karte endet die Straße bei einem verlassenen Indianerdorf irgendwo in den Bergen. Sie brauchen bloß eine Straßensperre aufzustellen und zu warten, bis wir entweder zurückkommen oder von der Sonne ausgedörrt sind. Wir haben nur zwei Wasserflaschen dabei. Da kannst du dir genau ausrechnen, wann uns die Puste ausgeht."

„Denkst du vielleicht, ich hätte den Coup erst so sorgfältig geplant und ließe ihn dann an einer solchen Kleinigkeit scheitern?" entgegnete Augie gelassen. „Niemand ahnt, daß wir hier oben sind, und natürlich weiß ich ganz genau, wie wir hier rauskommen. Der alte Augie hat für alles vorgesorgt…" Urplötzlich trat er auf die Bremse und schaute sich um. „Hast du das gesehen? Da hinten auf deiner Seite!"

„Wie kann ich das, wenn ich mich mit dir unterhalte?"

Augie schaltete den Rückwärtsgang ein und fuhr langsam die fünfzig Meter bis zur letzten Biegung zurück. Bryce kniff fest zu Augen zusammen. Die Straße war unglaublich schmal, ohne Schutzgeländer, und auf der einen Seite fiel der Hang steil ab. Dem armen Bryce blieb fast das Herz stehen.

Geschickt lenkte Augie den Wagen bis knapp hinter die Kurve und trat dann erneut auf die Bremse. „Jetzt schau dir das an", murmelte er.

Ein Areal von etwa einem Morgen Land war mit Bulldozern aus dem Hang gekratzt und dann planiert worden. Mittendrin stand ein längliches verfallenes Gebäude, leuchtend rosa angestrichen. Davor erhob sich eine alte, leicht verbeulte Benzinsäule wie ein betrunkener Wachposten. Am hinteren Ende des Gebäudes war noch ein großer Holzschuppen mit einem kleineren Anbau. An der Wegbiegung war ein riesiges Schild angebracht, das mehr einem Scheunentor ähnelte. Darauf stand in blauen Lettern geschrieben:

ZUM WÜSTENFUCHS
BENZIN, SNACKS UND

Bryce und Augie konnten nur raten, was es mit dem „und" auf sich haben mochte.

„Verdammt", fluchte Augie, „was haben die komischen Schuppen da zu suchen? Die haben gar kein Recht, da zu stehen. Schließlich sind sie nicht in meinen Plänen berücksichtigt."

„Wieso, die Leute haben doch das Recht, Geschäfte zu eröffnen, wo es ihnen paßt", erwiderte Bryce. „Nur kann ich mir nicht vorstellen, daß sich jemals ein Kunde in diese gottverlassene Gegend verirrt. Warum hältst du überhaupt da, wenn ich fragen darf?"

„Denk doch mal nach, Bryce, dazu hast du schließlich deinen Kopf. Diese Straße hier endet irgendwo in den Bergen. Und wir müssen bis morgen früh, etwa 10 Uhr, warten, bis man uns abholt."

„Abholt? Was heißt das nun schon wieder?"

„Das ist meine Angelegenheit. Mein Plan kann aber nur dann gelingen, wenn die Polizei nicht erfährt, wo wir stecken. Wir sind sicher die einzigen, die heute diese Straße benutzt haben. Jetzt stell dir vor, einer von den Leuten in diesem verflixten Schuppen dort drüben hat uns vorbeifahren sehen, schaltet per Zufall sein Radio ein und hört von dem Banküberfall. Dann haben wir in kürzester Zeit die Polizei am Hals."

„Gut, ich hab kapiert. Und was machen wir jetzt?"

Ohne zu antworten, drehte Augie das Lenkrad herum, legte den ersten Gang ein und lenkte den Wagen vor die Zapfsäule. Dann hupte er dreimal.

Die Tür des rosagestrichenen Gebäudes öffnete sich. Bryce starrte zuerst den Mann an, der aus dem Haus ins Sonnenlicht trat, dann Augie, dann wieder den Fremden, als traue er seinen eigenen Augen nicht.

Der Mann war kaum 1,50 Meter groß, sein Gesicht runzlig und zerfurcht wie ein Stück Wüstensand, auf das es seit Jahren nicht geregnet hatte. Eine riesige Knollennase überragte einen eindrucksvollen Schnurrbart, der an die Hörner eines wilden Stiers erinnerte. Auf seinem Kopf thronte ein gewaltiger Sombrero, unterm Kinn von

11

zwei roten Bändern gehalten. Ein kariertes Hemd wölbte sich über seinen Schmerbauch, der weiter unten durch den Hosenbund seiner Jeans eingeschnürt wurde. An seinen Füßen trug er hochhackige Stiefel aus rissigem Leder.

Der sonderbare kleine Mann winkte ihnen zu. „Hallo!" rief er mit schriller Fistelstimme. „Willkommen beim Wüstenfuchs, das ist übrigens mein Name. Ich arbeite nämlich schon seit über sechzig Jahren in der Wüste. Mein richtiger Name ist Dobkins. Wollen Sie nicht reinkommen und eine Kleinigkeit essen? Ich hab noch einen Chili-Eintopf auf dem Herd stehen."

„Diesen Wüstenzwerg haben wir im Handumdrehen erledigt", murmelte Bryce zwischen den Zählen. „Den nehme ich mir gleich mal vor und…"

„Mach keinen Unsinn, du Dummkopf!" Augie hielt ihn am Arm fest. „Sieh doch, da drüben!"

Ein zweiter Mann trat zur Tür hinaus. Er mußte etwa Mitte Zwanzig sein; er war groß und muskulös und trug einen Bürstenschnitt. Er hatte eine Schürze vorgebunden.

„Mein Name ist Muggeridge", sagte er, als er den Wagen erreicht hatte. „Pete Muggeridge. Dobkins und ich schmeißen den Laden hier. Wir haben aber noch nicht offiziell eröffnet. Aber jetzt sagen Sie doch mal – was hat Sie in diese Gegend verschlagen?"

„Wir… wir sind Touristen", begann Augie.

„Wir wollen zu dem alten Indianerdorf", fügte Bryce hinzu. „Nach unserer Karte ist die Gegend völlig unbewohnt. Wir hatten nicht erwartet, überhaupt jemanden hier anzutreffen. Aber wenn wir natürlich eine Wegegebühr bezahlen müssen..."

„Nix Wegegebühr", erwiderte Dobkins. „Sie können fahren, wohin Sie wollen. Das Dorf ist auch nicht mehr sehr weit, doch die Straße wird immer schmaler. An manchen Stellen geht's da rauf und runter und im Zickzack, wie auf einer Achterbahn – aber ohne Schutzgeländer, versteht sich. Überdies geht's langsam auf den Abend zu. Unterwegs wird es dunkel werden, dann können Sie sowieso nichts mehr sehen. Da ist es pechschwarz wie in einer Kohlenmine."

„Wenn Sie zu dem alten Dorf rauf wollen", brummte Muggeridge, „wieso halten Sie dann hier an?"

„Unsere Klimaanlage ist unterwegs kaputtgegangen", antwortete Augie. „Wir hofften, Sie könnten sie vielleicht reparieren."

„Reparieren?" meinte Muggeridge skeptisch.

„Ich mach Ihnen einen Vorschlag", krächzte Dobkins, der Wüstenfuchs. „Es ist zu heiß hier draußen, um gemütlich zu plaudern. Gehen Sie doch rein, da läßt es sich besser aushalten. Pete gibt Ihnen einen Teller Chili-Eintopf, und ich schau mir inzwischen den Wagen an. Vielleicht ist es ja nur eine Kleinigkeit. Ich fahre ihn da drüben in den Schuppen."

„Sind Sie denn Automechaniker?" fragte Bryce ungläubig.

„So ist es. Pete kocht für mich und erledigt die Schwerarbeit. Ich kümmere mich um die Autos und die Zapf-säule."

„Wenn es für die zu heiß ist, dann ist es auch für dich zu heiß", meinte Muggeridge mürrisch. „Laß uns alle zu-sammen reingehen."

„Nein, nein. Mir macht die Hitze nichts aus. Bin schon immer eine Wüstenratte gewesen. Gehen Sie schon vor. Könnte ich Ihre Wagenschlüssel haben?"

Augie angelte in seiner Westentasche nach dem Schlüs-selbund. Bevor er ihn Dobkins überreichte, hatte er mit einer schnellen geschickten Handbewegung den Koffer-raumschlüssel abgemacht. Schließlich hätte der alte Wü-stenfuchs ja auf die dumme Idee kommen können, den Inhalt der Reisetasche zu überprüfen, die hinter dem Ersatzreifen verstaut war. Bryce warf seinem Kompa-gnon einen bewundernden Blick zu – Augie war wirklich ein Genie!

Während Dobkins den Motor anwarf und – in eine Staubwolke gehüllt – zum alten Schuppen hinüberfuhr, folgten Bryce und Augie dem jungen Mann ins Haus. Die kleine Snackbar, falls man sie als solche bezeichnen konnte, bestand aus einem länglichen Raum mit zwei völlig verdreckten Fenstern, durch die nur spärliches Tageslicht drang. Drinnen war es kaum kühler als draußen.

Bryce und Augie nahmen auf zwei Barhockern Platz. Pete begab sich hinter den Tresen und machte sich an dem Propankocher zu schaffen, auf dem der besagte Chili-

Eintopf dampfte. Wortlos reichte er jedem einen vollen Teller hinüber.

Bryce hatte kaum einen Löffel davon gegessen, da schnappte er schon nach Luft und kippte ein Glas lauwarmes Wasser hinterher, das Pete neben seinen Teller gestellt hatte. Wie flüssiges Feuer brannte das teuflische Zeug in seiner Kehle.

Augie dagegen aß seinen Teller langsam und genußvoll leer, so als hätte er Kaviar oder den erlesensten Räucherlachs vor sich. Muggeridge wartete auf ein Lob von ihm, doch Augie konnte sich nicht dazu durchringen.

Schweigend beendeten die beiden Männer ihr Mahl. Als Augie eine Fünf-Dollar-Note auf den Tresen legte, schob Muggeridge sie kopfschüttelnd zurück.

„Nicht nötig", meinte der junge Koch. „Wir haben ja noch gar nicht eröffnet. Außerdem sagt Dobkins immer: Das wichtigste in der Wüste ist Gastfreundschaft. Man ist vielleicht selbst mal auf Hilfe anderer angewiesen." Er wandte sich ab und schaltete das Radio rechts neben dem Spülbecken ein.

„…die nächsten Nachrichten hören Sie in einer halben Stunde", ertönte die Stimme des Ansagers. „Und jetzt möchten wir Sie, wie jeden Nachmittag um diese Zeit, mit unserer Sendung ‚Musik ist Trumpf' erfreuen." Gleich darauf sang eine süßliche Frauenstimme, begleitet von Flöten und Violinen, vom Frühling und vom ersten Flieder.

„Mr. Muggeridge", sagte Augie plötzlich, „ich möchte

Sie etwas fragen."

„Ja bitte?"

„Haben wir irgend etwas getan, das Ihnen nicht paßt?"

„Nein, wieso?"

„Sie sind so unglaublich mürrisch und schroff – von der ersten Minute an, seitdem wir hier angekommen sind. Ich dachte, Sie hätten vielleicht was gegen uns."

„Nicht direkt."

„Und was heißt das – nicht direkt?"

„Nun, um ehrlich zu sein: Ich versteh nicht so recht, daß jemand wie Sie, mit Anzug und Krawatte, durch die Wüste fährt, um ein Indianerdorf zu besichtigen. Das will einfach nicht in meinen Kopf rein."

„Ich sagte doch schon, wir sind Touristen", erwiderte Augie. „Wir möchten ein paar interessante Fotos schießen."

„Aha." Muggeridge drehte das Radio lauter.

„Ist das nötig?" fragte Augie. „Man versteht ja kaum sein eigenes Wort bei diesem Geplärr."

„Mir gefällt's."

Augie warf Bryce einen vielsagenden Blick zu und strich über seine rechte Westentasche, in der sein Revolver steckte. Das Radio bedeutete Kontakt mit der Außenwelt, und der mußte unterbunden werden.

Die untergehende Sonne tauchte den Raum jetzt in ein rötliches, fast bedrohliches Licht. Draußen wurde eine Tür zugeschlagen, und kurz darauf erschien Dobkins auf der Schwelle.

„Ich hab's gefunden", sagte er stolz und wies auf etwas Schwarzes in seiner Hand. „Der Gebläseriemen ist gerissen. Ich müßte noch einen in meinem Werkzeugschuppen haben. Will mal nachschauen. Aber dazu brauche ich Licht. Die Laterne muß irgendwo hier sein."

Er fing an, unter dem Tresen zu suchen. Im Radio wurde der letzte Schlager vor den Nachrichten angekündigt. Augie stieß seinen Kumpel heimlich an.

„Die Polizei gibt folgende Beschreibung von den beiden Gangstern bekannt, die, wie schon berichtet, heute nachmittag die Royson-Bank überfallen und einen Angestellten niedergeschossen haben", begann der Nachrichtensprecher.

Die Beschreibung war so peinlich genau – es fehlte eigentlich nur noch die Marke ihrer Unterwäsche.

Muggeridge schnellte herum, und Dobkins Kopf tauchte hinter dem Tresen auf – wie ein Präriehund, der aus seinem Bau lugt. Er starrte verdutzt in den Lauf von Augies Revolver, der fast seine gewaltige Knollennase berührte. Bryce hielt den jungen Koch in Schach.

„Sie also sind die gesuchten Gangster", meinte Dobkins gedehnt und richtete sich langsam zu seiner vollen Größe auf.

„Richtig geraten", erwiderte Augie. „Und jetzt zünden Sie endlich die Laterne an. In wenigen Minuten ist es stockfinster hier."

„Aber warum ausgerechnet wir?" fragte der alte Mann und hielt ein brennendes Streichholz an den Docht der Laterne.

„So was ganz Ähnliches könnte ich Sie fragen", entgegnete Augie. „Warum mußten Sie Ihren komischen Laden ausgerechnet hier hinsetzen, mitten in die Wüste, wo doch keine Menschenseele vorbeikommt?"

„Weil ich Köpfchen habe, deshalb. Aus dem alten Indianerdorf in den Bergen soll nämlich eine Touristenattraktion werden. Demnächst wird die Schotterstraße geteert, dann werden ein paar Souvenirläden im Dorf eröffnet, und in wenigen Monaten schon werden die Leute von weither gereist kommen, um das Indianernest zu besichtigen. Unterwegs werden sie bei mir haltmachen, um zu tanken und einen Snack einzunehmen."

„Eine äußerst kluge Entscheidung", meinte Augie. „Ich mag Männer, die vorausplanen, Mr. Dobkins. Uns liegt aber daran, ungesehen in das Dorf zu kommen. Daß wir Sie hier angetroffen haben, paßt uns natürlich gar nicht in den Kram."

„Wollen Sie…, wollen Sie uns etwa…"

Augie schüttelte den Kopf. „Warum Gewalt anwenden? Das wäre völlig überflüssig. Wir werden hier schön gemütlich übernachten, und morgen sind wir verschwunden. Vorausgesetzt natürlich, daß Sie nicht auf dumme Gedanken kommen."

„Mister, ich habe schon früh gelernt, daß es Dinge gibt, gegen die man nicht ankämpfen kann. Also lebt man mit ihnen. Wer das nicht begreift, der schaufelt sich sein eigenes Grab. Wir haben keine Waffen hier, und mir ist nicht daran gelegen, mit einer Kugel im Kopf zu enden."

„Eine äußerst kluge Entscheidung", meinte Augie übertrieben freundlich.

Muggeridge schleuderte den Löffel, den er gerade in der Hand hielt, zu Boden. „Zum Teufel, Dobkins, ich dachte immer, du hättest Schneid. Und nun willst du diese beiden Hunde einfach laufenlassen? Wenn sie nicht bewaffnet wären, ich würde ihnen…"

Augie beugte sich über den Tresen, holte aus und schlug zu. Ein lauter Schrei, und der Koch brach am Boden zusammen, wo er sich vor Schmerzen krümmte. Augie hatte ihn mit dem Lauf seines Revolvers an der Schläfe getroffen. Muggeridge hielt die Hand gegen die Wunde gepreßt – Blut sickerte zwischen seinen Fingern hindurch.

„Mr. Muggeridge", sagte Augie ruhig, so als würde er ein kleines Kind schelten, „ich schlage vor, Sie zähmen Ihre Angriffstriebe – in Ihrem Interesse. Wenn Sie noch einmal aufmüpfig werden, bringe ich Sie um. Das ist mein voller Ernst."

Muggeridge schaute zu Dobkins auf; seine Augen glänzten vor Schmerz und vor Zorn. „Ich frage dich, wer dir den Namen gegeben hat – Wüstenfuchs. Seit wann sind Füchse feige?"

Dobkins' Blicke wanderten zwischen Bryce und Augie hin und her. „Das ist nicht wahr", stieß er keuchend hervor. „Ich bin kein Feigling. Ich hab den Namen bekommen, weil ich früher, als ich noch Goldsucher war, den Sand durchstöbert habe – eben wie ein Wüstenfuchs."

„Goldsucher waren Sie? Höchst interessant!" meinte Augie. „Erzählen Sie uns ein bißchen darüber; dann vergeht die Zeit schneller."

„Kann ich Pete währenddessen verarzten? Die Platzwunde sieht ziemlich übel aus."

Augie zuckte die Achseln und wies Bryce mit einer Handbewegung an, dem Koch auf den Hocker zu helfen. Dobkins setzte Wasser zum Kochen auf und begann, ein altes Hemd in lange Streifen zu reißen.

„Angefangen habe ich damals im Jahr 1909", sagte der alte Mann, während er behutsam das Blut von Muggeridges Wunde tupfte. „Ich hatte erfahren, daß hier in der Nähe kleine Mengen Gold und Silber entdeckt worden waren. Kleine Mengen, wie gesagt, ich aber hoffte, auf die Hauptader zu stoßen. Ist mir nicht gelungen – sonst säße ich heute nicht hier. Wie ein Besessener hab ich den Boden durchwühlt, aber bis auf eine trockene Kehle und Sand in Augen, Nase und Ohren hat mir die harte Arbeit kaum was eingebracht."

„Ich verstehe." Augie schien fasziniert.

„Trotzdem hab ich 'ne Menge über die Wüste gelernt – und über das Leben."

„Ja, und was haben Sie gelernt, Mr. Dobkins?"

„Vor etwa dreißig Jahren zum Beispiel, da hab ich mich mit meinem Partner, Fred Selkirk, draußen in der Wüste verirrt. Unsere Wasservorräte gingen aus, und Fred geriet in Panik. Plötzlich, am hellichten Tag, brach er auf in eine Richtung, die, wie er glaubte, auf die Hauptstraße führen würde. Drei Jahre später fand man seine Knochen – ein Sturm hatte sein Sandgrab freigelegt.

Ich dagegen rührte mich nicht vom Fleck und wartete, bis es dunkel wurde. Nur bei Dunkelheit darf man sich in der Wüste fortbewegen. Dann wird es kühl – oft mehr als es einem lieb ist. Es gelang mir sogar, etwas Wasser aus Feigenkakteen zu gewinnen. Eine Woche hat's gedauert, dann war ich in Sicherheit.

Aber wissen Sie, ich hätte den guten alten Freund retten können. Ich hätte ihn nicht einfach so fortziehen lassen dürfen. Noch viele Jahre später quälten mich Gewissensbisse. Also hab ich mir seither zum Grundsatz gemacht, niemals einen Kumpel im Stich zu lassen, ganz gleich, wie tief er im Schlamassel steckt. Das ist etwas, das ich von der Wüste gelernt habe."

Dobkins zog einen Hocker in den Lichtkegel der Laterne und nahm Platz. „Ich meine eben, daß es Dinge gibt im Leben, die man ändern kann. Und dann wieder gibt's Dinge, die so sind, wie sie sind; da kann sich der Mensch auf den Kopf stellen, er wird sie nicht ändern. Zum Beispiel die Wüste da draußen. Man lebt in ihr, und zwar nach ihren Gesetzen – oder man lebt eben nicht."

Dobkins verstummte für eine Weile und blickte nachdenklich drein. Das Heulen eines Präriewolfes durchbrach die Stille. Gleichzeitig flatterte etwas am Fenster. Bryce schnellte herum.

„Keine Angst", meinte Dobkins. „Das war nur eine Ohreule. Gibt 'ne Menge Leben, da draußen im Sand: Leguane, Packratten, Klapperschlangen und vieles mehr. Die rühren sich nicht vom Fleck, solange ihnen irgend etwas nicht paßt. Das hat ihnen die Natur sozusagen mit in die Wiege gegeben. Ich mußte das erst lernen."

„Sie gefallen mir, Mr. Dobkins", meinte Augie. So etwas wie ein freundliches Lächeln huschte über seine Lippen. „Ihre Philosophie ist ganz ähnlich wie die meine. Man soll ändern, was man ändern kann; den Rest muß man versuchen vorherzusehen. Ich bin sicher, unter anderen Voraussetzungen hätten wir beide glatt Freunde werden können."

„Vielleicht", murmelte Dobkins und legte das Verbandszeug beiseite. „Sie hätten Pete nicht so übel zusetzen dürfen."

„Er konnte uns gefährlich werden. Ich wollte nur, daß er wieder zu sich kommt und nicht völlig aus dem Häuschen gerät. Das war sozusagen Notwehr. Gerade Sie müßten das ja wohl verstehen."

„Glauben Sie?" Dobkins sah Augie aus halb zusammengekniffenen Augen an. „Ich glaube eher, daß ich Sie unter anderen Voraussetzungen getötet hätte, für das, was Sie Pete angetan haben. Was meinen Sie?"

„Sicherlich hätten Sie das. Aber Sie sind viel zu intelligent, um Ihr Leben für törichte Rachegefühle zu riskieren. Mein Finger ist am Abzug, Mr. Dobkins. Denken Sie an das, was Sie in der Wüste gelernt haben – entweder

Sie ordnen sich ihren Regeln unter, oder Sie verlieren Ihr Leben."

„Schon gut. Um wieviel Uhr soll der Hubschrauber kommen und Sie abholen?"

Bryce sperrte Mund und Augen auf, so als kapiere er gar nicht, was er da eben gehört hatte. „Wie bitte, Augie?"

Sein Partner warf ihm einen verächtlichen Blick zu. „Mr. Dobkins hat eben zehnmal soviel Grips wie du", sagte er. „Natürlich werden wir von einem Hubschrauber abgeholt. Wie sonst kämen wir jemals aus dem Indianerdorf raus? Wäre der Wüstenfuchs mit mir in der Bank gewesen, dann würde der Wachmann in der Bank sicher noch leben, und die Polzei wäre nicht so hinter uns her."

„Kein schlechter Plan", meinte Dobkins. „Sie fahren zum Dorf hinauf. Niemand von der Polizei kommt auf den Gedanken, dort nach Ihnen zu suchen. Interessieren würde mich nur: Ist ihr Flugzeug regulär angemeldet oder haben Sie es frisieren lassen, damit es wie ein Polizeihubschrauber aussieht?"

Augie warf dem alten Mann einen anerkennenden Blick zu. „Toller Hecht", murmelte er. „Wie Sie sich in die Sache reindenken können! Nun, um Ihre Frage zu beantworten – der Hubschrauber gehört der Polizei. Der Pilot hat sich von mir bestechen lassen. Und bevor irgend jemand ahnt, was passiert ist, sind wir schon längst in Mexiko. Oh, Mr. Dobkins, wir hätten ein gutes Gangsterpaar abgegeben – Sie und ich! Ein wahres Talent ist da vergeudet worden."

„Werden Sie uns umlegen? Das heißt, mir geht's gar nicht so sehr um mich – aber Pete, der ist noch so jung…"

„Nein, nein, keine Bange. Nur fesseln müssen wir Sie leider. Doch nach einem Tag oder so wird Sie die Polizei gefunden haben. Es wird nicht besonders gemütlich für Sie werden, zugegebenermaßen, aber Sie werden's ohne Schaden überstehen."

Augie starrte auf die Laterne, die auf dem Tresen stand. „Wo wir gerade von Gemütlichkeit sprechen – wir haben da immer noch das Problem mit der Klimaanlage in unserem Wagen. Ich glaube, es wäre nicht schlecht für uns, wenn das Ding repariert würde. Ist das Anbringen dieses Riemens mit Schwierigkeiten verbunden, Mr. Dobkins?"

Dobkins schüttelte den Kopf. „Ich muß das Ding nur finden – dann brauche ich etwa 'ne Viertelstunde, um es anzubringen."

„Gibt's hier noch eine andere Laterne?"

„Eine Taschenlampe. In dem Schränkchen über dem Herd."

„Dann würde ich vorschlagen, Sie suchen das Ersatzteil und reparieren die Anlage."

Bryce starrte Augie fassungslos an. „Du wirst ihn doch nicht allein losschicken? Er könnte…"

„Er könnte was, Mr. Bryce? Wir sind dreißig Kilometer von der Autobahn entfernt, fünfzig sogar von der nächsten Stadt. Und außerdem – wenn er abhaut, muß sein

Freund dran glauben. Das hat der schon längst kapiert, im Gegensatz zu dir."

„Ich würde so etwas Dummes nicht tun", sagte Dobkins. Er nahm seine Taschenlampe, verließ den Raum und schlug die Tür laut hinter sich zu.

„Du mußt verrückt geworden sein, Augie", sagte Bryce. „Die beiden haben doch sicherlich irgendwo ein Auto stehen. Unser alter Knabe könnte sich damit oder auch mit unserem Wagen aus dem Staub machen, oder…"

„Das wird er eben nicht tun. Er würde doch Mr. Muggeridge nicht in Gefahr bringen wollen. Sei froh, daß wir eine Geisel haben, denn sonst würde der gute alte Mann alles dransetzen, uns zu töten. Und ich könnte mir vorstellen, daß ihm das sogar gelänge."

Eine halbe Stunde später hörte man das Geräusch einer zuschlagenden Kühlerhaube, und kurz darauf erschien Dobkins erneut in der Snackbar.

„Siehst du?" meinte Augie lächelnd. „Ich sagte dir doch, er würde zurückkommen."

„Und was jetzt?" fragte Dobkins.

„Ich schlage vor, Sie machen sich's gemütlich. Passen Sie auf Ihren Freund auf, und machen Sie was zu essen, wenn Sie wollen. Sie wissen besser als ich, wie lange Sie hier gefesselt liegen müssen, bis jemand Sie hier auffindet."

Langsam schleppte sich die Nacht dahin. Bryce schlief sehr unregelmäßig, den Kopf in seinen Armen auf dem Tresen. Augie dagegen schien keinen Schlaf zu brauchen.

Er knöpfte lediglich seine Weste zu, um sich gegen die kühle nächtliche Luft zu schützen. Sein Revolver, der auf Dobkins und Muggeridge gerichtet war, zitterte nicht in seiner Hand.

Mit Sonnenaufgang wurde es schlagartig wieder heiß. Schweißbedeckt und mit Krämpfen in den Armen wachte Bryce auf.

„Such ein Seil", befahl Augie. „Kurz nach neun sollten wir startbereit sein. Ich möchte nicht, daß uns die Zeit knapp wird." Und an Dobkins gewandt: „Mr. Dobkins, ich möchte, daß Sie jetzt rausgehen und unseren Wagen vor die Tür fahren. Sie müßten noch immer die Schlüssel haben, meine ich."

„Hab ich." Dobkins eilte zur Tür.

„Mr. Dobkins!"

„Ja, bitte?"

„Sie werden mir nicht auf dumme Gedanken kommen? Sie wissen ja: Mr. Muggeridge bleibt hier bei uns."

„Auf mich brauchst du keine Rücksicht zu nehmen", meinte Muggeridge und hielt sich ein feuchtes Tuch gegen die verletzte Schläfe. „Wenn du die Möglichkeit hast, dann nütze sie aus und…"

„Hören Sie nicht auf ihn", sagte Dobkins. „Ich tu, was Sie mir gesagt haben."

Er trat zur Tür hinaus, und kurz darauf heulte der Motor auf.

„Sehr schlau von dir", meinte Bryce. „Wenn er letzte Nacht eine Sprengladung im Wagen angebracht hätte, so wäre er selbst dabei draufgegangen."

Augie nahm das Kompliment mit einem knappen Kopfnicken entgegen.

Dobkins kam wieder herein; ächzend wischte er sich über die schweißbedeckte Stirn. „Sie können von Glück reden, daß ich Ihre Klimaanlage repariert habe", sagte er und überreichte Augie die Schlüssel. „In Ihrer Kiste ist es heißer als im Backofen."

Bryce entdeckte eine Seilrolle in der Nähe des Eingangs. Muggeridge und Dobkins mußten sich, jeweils an einem Ende des Tresens, am Boden hinsetzen. Dann fesselte sie Bryce nacheinander und wickelte die losen Enden des Seils um die Füße von zwei Barhockern.

Augie inspizierte die Knoten und befand sie für gut. „Versuchen Sie nicht, sich zu befreien", warnte er. „Die Barhocker sind am Boden festgedübelt, und Sie können sie nicht losreißen. Warten Sie einfach ganz ruhig, bis Hilfe kommt."

Er folgte Bryce nach draußen in die unerbittliche Hitze und zog die Tür hinter sich zu. Die beiden Männer kletterten in den Wagen.

„Wirf die Kiste an, Augie. Ich bin schon richtig durchgebraten."

Kaum lief der Motor, da blies auch schon kühle Luft durch die Ventilationsschlitze. Augie legte den Rückwärtsgang ein und lenkte den Wagen vorsichtig auf die Straße.

„Wir werden sicher etwas zu früh dasein", meinte er.

„Doch je eher wir ankommen, desto geringer ist die Chance, daß unser Wagen von der Polizei entdeckt wird. Aber reg dich nicht auf, wenn du einen Hubschrauber über uns siehst. Das wird unser Mann sein."

Der Wagen glitt fast geräuschlos dahin und bewegte sich langsam die schmale, kurvenreiche Straße hinauf. Bryce, der noch immer nicht ganz ausgeschlafen war, lehnte den Kopf zurück und genoß die angenehm kühle Luft. Und wie er so vor sich hin döste, spürte er plötzlich etwas an seinem Fußgelenk. Er bewegte den Fuß und schaute gleichzeitig nach unten, um zu sehen, was ihn da berührt hatte.

Mit einer Schnelligkeit, die ihm sonst fremd war, zog er die Füße nach oben, so daß er jetzt im Schneidersitz hockte. Mit den Händen versuchte er sich am Dach festzuklammern, um sich noch weiter nach oben ziehen zu können. Er wollte schreien, doch nur ein ersticktes Flüstern entrann seiner Kehle.

„Augie, schau! Um Gottes willen!"

In diesem Augenblick ertönte ein merkwürdiges Geräusch im Wagen, ein unglaublich lautes Rasseln, so als würde jemand mit einem Löffel in einem großen Glas mit zerhacktem Eis rühren.

„Bryce, bist du völlig verrückt geworden?"

Dann sah Augie das Ding am Boden vor dem Beifahrersitz.

Eine gut zwei Meter lange Diamant-Klapperschlange, mit einem Körper so dick wie der Arm eines ausgewachsenen Mannes, war unter dem Sitz hervorgeglitten und lag jetzt eng zusammengerollt da. Die Rasseln an ihrem Schwanzende bewegten sich so schnell, daß man es mit dem bloßen Auge gar nicht sehen konnte. Die gelben Rauten an ihrem schuppigen Körper schienen zu pulsieren, und der flache, dreieckige Kopf war aufgestellt, bereit vorzustoßen. Die kalten Augen des Tieres waren auf Augies Hosenbein gerichtet, das durch die Lüftung am Boden flatterte, und Augie – der kühle Augie mit den Nerven aus Drahtseilen – zitterte vor Angst.

„Au!" Es war ein Schrei der Ohnmacht und des Entsetzens. Instinktiv riß Augie das Steuer herum. Gleichzeitig wollte er mit dem Fuß auf die Bremse steigen. Seine glatte Ledersohle fand keinen Halt, rutschte ab und landete mit voller Wucht auf dem Gaspedal.

Etwa 300 Meter über der Wüste kreiste ein Hubschrauber. Der Pilot beobachtete das Auto, das sich langsam die schmale Straße hinaufbewegte. Eine Blitzlandung bei dem Indianerdorf, ein kurzer Abstecher nach Mexiko und wieder zurück – und schon war er um zwanzigtausend reicher. Leichter konnte es einem wirklich nicht gemacht werden!

Falls irgend jemand ihn fragen sollte, warum er sich aus dem Polizei-Sendebereich ausgeschaltet hatte, so würde er einfach vorgeben, sein Funkgerät habe plötzlich nicht mehr funktioniert. Er brauchte ja nichts von Funk- und Sendetechnik zu verstehen. Er mußte nur wissen, wie man ein Flugzeug lenkt.

Der Wagen unter ihm geriet leicht ins Schleudern. Vorsicht, dachte der Pilot, nur noch die letzten drei Kurven und ihr habt's geschafft! Dann legte das Auto an Tempo zu. Als es die nächste Biegung erreichte, fuhr es fast 80 Stundenkilometer. Es bog ab – in die falsche Richtung!

Der Wagen näherte sich bedenklich dem Straßenrand, fuhr immer weiter. Für einen Augenblick schien er im luftleeren Raum zu schweben, dann stürzte er in die Tiefe.

Etwa achtzig Meter unterhalb der Straße erhob sich ein gezacktes Felsgebilde aus dem Wüstensand. Das Auto prallte darauf und zerbarst fast in zwei Teile. Von dort rollte es weiter hinab; der Pilot sah Metallteile, die in alle vier Winde katapultiert wurden. Schließlich verkeilte es sich in einer Felsspalte und blieb seitlich liegen.

Eine kleine Stichflamme schoß aus der Unterseite des Wagens – oder was davon übriggeblieben war. Dann erfolgte eine Explosion. Flammen loderten auf, und eine dunkle Rauchwolke stieg langsam zum Himmel auf. Nichts und niemand konnte so etwas überstehen, dachte der Pilot. Auch nicht die Hunderttausend in Banknoten.

Die erträumten zwanzig Mille – da gingen sie dahin! „Verdammt!" fluchte er.

Dann schaltete er sein Funkgerät ein. „Hier spricht YP-201. Schicken Sie einen oder zwei Streifenwagen die Straße hinauf, die zum alten Indianerdorf führt. Ich glaube, ich habe den Wagen gesichtet, nach dem Sie suchen. Nein, nein, Sie brauchen sich nicht zu beeilen. Die rühren sich nicht vom Fleck."

Er schaltete sein Gerät aus und fluchte weiter über sein verflixtes Pech. Am Ende aber kam er zu dem Schluß, daß er sich nach den gemachten Erfahrungen wohl besser wieder auf die Seite des Gesetzes schlagen sollte.

Sergeant Barney Kowpin von der Autobahn-Streife schaute auf den sonderbaren kleinen Mann hinab, der da neben ihm an der Straßenbiegung im Wüstenstaub stand – einen Pinsel in der einen und einen Eimer mit blauer Farbe in der anderen Hand.

„Ihrem jungen Freund geht's gut, da brauchen Sie sich keine Sorgen zu machen", meinte Kowpin. „Trotzdem möchte der Doktor ihn einen Tag oder so im Krankenhaus behalten – reine Routinesache. Doch es gibt da noch ein paar Dinge, die ich gern von Ihnen wissen möchte, so manches leuchtet mir nämlich einfach nicht ein: Sie haben also gestern nacht eine Klapperschlange in dem Wagen versteckt. Wie konnten Sie wissen, daß die Bestie nicht auf den Fahrersitz kriecht und von den beiden Gangstern entdeckt wird, bevor sie in den Wagen steigen? Oder, was ich noch weniger verstehe: Wie konnten Sie so sicher sein, nicht selbst von der Schlange gebissen zu werden, als Sie den Wagen zur Eingangstür fuhren? Mich würden keine zehn Pferde in ein Auto kriegen, das ich mit einer Klapperschlange teilen müßte."

Dobkins schüttelte den Kopf. „Ich bin lange genug in der Wüste herumgelungert, um zu wissen, daß eine Schlange nicht sehr rege und angriffslustig ist, wenn es zu heiß wird", antwortete er. „Wenn es über dreißig oder vierzig Grad ist, dann verkriecht sie sich am liebsten unter einem Felsen oder sonstwo. Und die Morgensonne hatte den Wagen ja schon ziemlich aufgeheizt. Also hatte ich mir gedacht, daß sie es vorzieht, unter dem Sitz im Schatten zu bleiben."

Er schob seinen Sombrero ein wenig zurück und schenkte dem Polizeibeamten ein zahnloses Grinsen. „Sobald aber die Klimaanlage das Wageninnere auf eine ihr genehme Temperatur gebracht hat, will unsere gute Klapperschlange natürlich wissen, was los ist." Er schaute hinauf zu den Bergen, wo noch immer eine dünne Rauchsäule zum Himmel stieg. „Und genau das scheint sie ja auch getan zu haben."

„Aber woher hatten Sie denn das Vieh?" fragte der Polizist. „Ich kann mir kaum vorstellen, daß Sie im Dunkeln und mit bloßen Händen auf Schlangenjagd gegangen sind."

„Natürlich nicht. Ich hielt sie in einer Kiste im Anbau des Schuppens. Anfangs zögerte ich noch, ob ich nicht besser die giftige Krustenechse hernehmen sollte. Doch dann entschied ich mich für die Klapperschlange. Schließlich ist es auch leichter, eine neue Schlange zu finden."

„Wie bitte?" fragte Kowpin. „Sie hielten die Schlange in einer Kiste? Als Haustier, oder wie soll ich das verstehen?"

„Ach wo! Nur ein Verrückter würde sich eine Klapperschlange als Haustier halten. Nein, ich dachte, ich brauche eine Attraktion für die Touristen, die demnächst zum
Indianerdorf rauffahren. Natürlich werde ich ein paar
Cents Eintritt verlangen."

Er deutete verschmitzt auf das große Schild an der
Straßenbiegung. Die frisch gepinselten Lettern funkelten
im Sonnenlicht. Jetzt hieß es:

ZUM WÜSTENFUCHS
BENZIN, SNACKS UND
ZOO MIT WÜSTENTIEREN

Geladene Waffen sind gefährlich

Es klopfte an die Haustür. Als George Unders die beiden Männer durch die Glasscheibe im trüben Licht der Verandalampe sah, ahnte er sofort: Jetzt mußte es passieren! Er hatte es Abend für Abend befürchtet und doch immer wieder gehofft, es würde nicht geschehen.

„Können wir wohl Ihr Telefon benutzen?" fragte der eine, ein großer Kerl mit rundem Gesicht und wulstigen Lippen.

„Nur ein kurzes Gespräch", fügte der zweite hinzu. Er war genauso groß wie sein Gefährte, doch sein Gesicht war fast viereckig. Die dichten Bartstoppeln ließen es beinahe blau erscheinen.

George hatte die Sicherheitskette an der Tür noch nicht abgenommen. Während seine Hand nun nach ihr griff, schossen ihm hundert Gedanken durch den Kopf. Diese Typen kannte er. Nicht persönlich, er hatte sie noch nie gesehen. Trotzdem war er sicher, daß dies die Kerle waren, die er schon seit langem voller Angst erwartete. So mußten Verbrecher aussehen, die aus dem Dunkel bei einsamen Münzensammlern auftauchten, sie ausplünderten und wieder in der finsteren Nacht verschwanden, ohne die geringste Spur zu hinterlassen. Seit Monaten waren die Zeitungen voll von Berichten über solche Überfälle. Und nun war er, George Unders, dran.

Als er von diesen Räubereien gelesen hatte, hatte er ein paar Vorsichtsmaßnahmen getroffen. Zum Beispiel war da ein Revolver in der Küche; er lag auf dem Schrank, und zwar in Reichweite, vorausgesetzt natürlich, man stand nahe genug beim Schrank. Er hatte ihn für den Notfall dorthin gelegt. Nun war dieser Fall eingetroffen, und George mußte erkennen, daß die Pistole völlig sinnlos da lag. Denn wenn die beiden Männer die waren, deren Auftauchen er schon so lange befürchtet hatte, würde er niemals wagen, nach dem Revolver zu greifen.

Ob er die Tür einfach mit Möbeln verrammeln sollte? Dann könnte er den Revolver ergreifen und das Licht ausmachen. Sie würden doch nicht eines der Fenster einschlagen, oder vielleicht doch? O ja, das würden sie tun! Jetzt, nachdem er ihre Gesichter gesehen hatte, würden sie nicht einfach abziehen. Schließlich könnte er die Polizei benachrichtigen und ihr eine Personenbeschreibung geben. Aber vielleicht wollten sie ja wirklich nur sein Telefon benutzen. Sie konnten ja unter Umständen eine Autopanne haben.

Jetzt hörte er ein schlurfendes Geräusch hinter sich. Es

war Martha, seine Frau, die aus der Küche kam. Sie war eine kleine rundliche Person mit roten Backen, hellblauen lebhaften Knopfaugen und einer Knollennase. Ihr mausgraues Haar trug sie in einem festen Knoten. Ihre Brille saß wie gewöhnlich auf der Mitte ihres Nasenrückens.

"Was ist los, George?" wollte sie wissen. Sie senkte ein wenig den Kopf, um über den Brillenrand zu schauen. "Wer ist denn da?"

"Wir möchten mal Ihr Telefon benutzen", sagte der Mann mit dem runden Gesicht.

"Aber natürlich können Sie das. Jetzt steh doch nicht so herum, George. Was sind das für Manieren? Laß die Herren doch herein."

George nahm die Kette ab und öffnete die Tür. Was sollte er auch anderes tun?

Jeder der Männer hob einen schwarzen Koffer auf und folgte dem Paar in die Küche. George warf einen verstohlenen Blick auf den Schrank. Der schwarze Kolben des Revolvers war gut zu sehen. Aber er wagte nicht, danach zu greifen, denn er spürte den Atem des Mannes mit dem runden Gesicht in seinem Nacken – so dicht stand er hinter ihm.

Martha lief geschäftig um sie herum, führte sie ins Wohnzimmer und redete dabei ununterbrochen auf sie ein, wie ein Wasserfall und völlig ohne Zusammenhang.

"Jetzt müssen Sie aber Ihre Koffer abstellen, und dann machen wir's uns richtig gemütlich", sagte sie einladend. "Ich koch uns einen guten Tee, und dann essen wir ein paar selbstgebackene Plätzchen."

„Wir wollen keinen Tee", sagte der Rundgesichtige
unwirsch. Er setzte sich auf die Lehne eines Sessels und
stellte den Koffer neben sich ab.

„Wie, keinen Tee?" fragte Martha. „Dann aber doch
bestimmt eine Tasse Kaffee?" Dabei schob sie die Brille
hoch, doch sie rutschte sofort wieder herunter. So blickte
sie über den Brillenrand von einem zum anderen.

„Ach du meine Güte!" rief sie plötzlich und rang die
Hände. „Wie dumm ich doch bin! Jetzt hab ich schon
wieder Ihre Namen vergessen!"

„Der da drüben ist Mr. Blackie", sagte der Mann mit
dem runden Gesicht. „Und ich heiße Wilberforce, aber
Sie können auch Wilber zu mir sagen."

„Wilber", sagte Martha befriedigt. „Wirklich ein hüb-
scher Name. Ich hatte mal einen Vetter..."

Arme Martha. Sie machten sich über sie lustig, und sie
merkte es überhaupt nicht. George wünschte von Herzen, daß sie ausgegangen wäre, irgendwohin, damit sie
den heutigen Abend nicht mitzuerleben brauchte. Aber
nein, Martha ging abends nie aus. Obwohl sie sich so sehr
nach Freundschaften sehnte, hatte sie es nie verstanden,
sich Freunde zu machen. Wenn Besucher kamen, über-
flutete sie sie sogleich mit einer Fülle von Gerichten und
Getränken, betäubte sie mit ihrem endlosen Geplapper,
lief immerzu hin und her und verstand gar nicht, daß ein
weiterer Besuch unterblieb und sie selbst kaum eingela-
den wurde.

Wilberforce wandte sich an George. „Ich hab gehört, daß Sie eine große Münzensammlung besitzen", sagte er ganz nebenbei.

George lehnte sich an die Tür, die zum Treppenhaus führte. Er war sich klar, daß seine erste Vermutung richtig gewesen war. Das waren die Burschen, deren Besuch er schon so lange gefürchtet hatte. Wie sie wohl von der Existenz seiner Sammlung erfahren hatten? Nur seinen besten Freunden hatte er davon erzählt. Dann plötzlich wußte er es: In einer Fachzeitschrift hatte er vor einigen Monaten eine Anzeige gelesen, in der Münzen günstig angeboten wurden. Er hatte sich auf diese Annonce gemeldet, aber nie eine Antwort erhalten. Die Anzeige stammte von diesen Männern hier. So hatten sie Name und Adresse aller Sammler bekommen, die interessiert waren. Nun „bearbeiteten" sie diese Namensliste und hinterließen bei ihrer Tätigkeit eine Blutspur. So würden sie weitermachen, bis es irgend jemandem irgendwann gelang, ihnen ihr blutiges Handwerk zu legen.

„O ja", sagte Martha. „George hat eine Riesenmenge von Münzen oben in seinem Zimmer. Weiß der Himmel, was er damit anfangen will. Er sammelt und sammelt und steckt sie dann in Mappen und alle möglichen Behältnisse. Er verbringt Stunden über Stunden mit seinen Münzen. Ich hab ihm immer gesagt, er solle sie in einem Banksafe aufbewahren, weil das sicherer ist. Aber davon wollte er nichts wissen. Er sagt, sein Hobby mache ihm nur dann richtig Freude, wenn er die Münzen immer bei sich habe." Sie schaute schüchtern über ihren Brillenrand auf George. „Ehrlich gestanden, ich finde diese Sammelei ziemlich albern."

Dann legte sie erschrocken die Hand vor den Mund und schaute zu den beiden Männern hinüber. „Ich glaube, das hätte ich nicht sagen dürfen. Vielleicht sind die Herren ja selbst Münzensammler. Hab ich recht?"

George, der gewöhnlich ein friedfertiger und umgänglicher Mann war, zog seine Stirn in Falten und warf seiner Frau einen zornigen Blick zu. Wie konnte sie nur! Seine aufeinandergepreßten Lippen zeugten von Ärger und Furcht. Da hatte er sich nun auf eine Situation wie diese vorbereitet. Ein Revolver auf dem Küchenschrank, ein Gewehr in der Ecke des Schlafzimmers, eine kleine Automatik hinter dem Münzschrank – und alles vergebens. Alle Waffen lagen an der falschen Stelle. Den Revolver hätte er im Flur unterbringen sollen, dort hinter seinem Rücken, damit er nun danach greifen könnte. Er überlegte, ob er blitzschnell die Treppe hochrennen sollte, um das Gewehr aus dem Schlafzimmer zu holen.

Aber dann hätte er Martha mit den beiden Kerlen allein lassen müssen. Das kam natürlich nicht in Frage. Da blieb nur noch die kleine Automatik hinter dem Münzschrank. Vielleicht erlaubten sie ihm, dorthin zu gehen. Ein schneller Griff nach der Waffe und...

„Wir sammeln übrigens auch Waffen", sagte Wilberforce. Er zog eine kleine 38er Pistole aus seiner Manteltasche und richtete sie lässig auf George.

George stockte beim Anblick der Waffe der Atem. Wie viele Menschenleben dieses Ding wohl schon vernichtet hatte, und wie viele es noch auslöschen würde?

„Du liebe Güte!" rief Martha aufgeregt. „Ich kann diese Schießeisen nicht ausstehen. Ich fürchte mich richtig vor ihnen. George sammelt solche Dinger auch. Weiß der Himmel, warum! Sie liegen überall im Haus herum, eins in der Küche, eins im Schlafzimmer, eins hinter dem Münzschrank. Ich habe ihn immer zu überreden versucht, das Zeugs fortzugeben."

George stöhnte innerlich. Da ging sie hin, seine allerletzte Chance. Mit ihrem dummen Gerede hatte Martha sie zunichte gemacht, und sie merkte es noch nicht einmal.

Ein Gefühl des Mitleids und Bedauerns überkam ihn. Sie hatte offenbar nicht die leiseste Ahnung, was auf sie zukam. Die beiden Burschen würden sie umbringen. Ihre Gesichter waren nicht maskiert, und da durfte kein Zeuge übrigbleiben. Sie waren kaltblütige Mörder. Und Martha plapperte munter drauflos, unterhielt die Männer, als ob sie freundliche Nachbarn wären, die auf eine Tasse Tee hereingeschneit kommen.

„Das Ding ist doch hoffentlich nicht geladen", sagte Martha, wobei sie sich ein paar Schritte von Wilberforce entfernte. „Geladene Waffen mag ich am allerwenigsten. Die sind gefährlich. Ich hab immer zu George gesagt, er sollte keine geladenen Waffen im Haus rumliegen haben. Es könnten doch mal Kinder zu Besuch kommen und damit herumspielen. Das wäre höchst gefährlich. Darum hab ich heimlich alle Kugeln aus den Magazinen herausnehmen lassen. Sicherheit ist das allerwichtigste, das sag ich mir immer wieder."

„Ganz richtig, Sie sind eine verdammt kluge Frau", sagte Wilberforce mit einem spöttischen Lächeln auf seinen wulstigen Lippen.

„Wirklich, das ist sie", echote Blackie.

„Und nun zur Sache", sagte Wilberforce und erhob sich von der Sessellehne. „Nun wollen wir uns mal Ihre Sammlung anschaun." Er ergriff mit der einen Hand die zwei Koffer, die andere mit der Pistole wies auf die Tür, die zum Treppenhaus führte. „Ich meine natürlich Ihre Münzsammlung."

George zögerte einen Moment. Die Waffe in Wilberforces Hand war ganz nah. Sollte er mit einem schnellen Griff…?

Dann bemerkte er den Blick des Mannes, der eiskalt und wachsam seine Bewegungen verfolgte. Es blieb ihm also keine Chance. Mit zittrigen Knien stieg er die Treppe hinauf. Er fühlte sich geschlagen und völlig hilflos.

Martha plapperte munter weiter. „Ich persönlich hab natürlich keins von diesen Dingern angerührt. Aber als mein Bruder Al das letzte Mal zu Besuch hier war, hab ich ihn gebeten, alle Waffen zu entladen. George war nicht zu Hause, das versteht sich."

George horchte auf, und er blieb stehen. Doch dann spürte er den Revolver in seinem Rücken, und er setzte den Weg nach oben fort.

„Ich glaube, ich hab noch etwas Kuchen für Sie", sagte Martha zu Blackie. „Ich hole ihn und ein Glas Milch dazu. Unterdessen können sich die beiden da oben die Sammlung anschauen." Sie wollte in die Küche gehen.

Blackie versperrte ihr den Weg. „Keine Umstände", sagte er und griff mit der rechten Hand in seine Manteltasche. „Sie bleiben hier – und halten endlich Ihre Klappe. Ist das klar?"

„Ich gebe immer acht, daß ein bißchen Kuchen im Haus ist. Es könnte doch mal überraschend Besuch vorbeischauen. Das kommt allerdings nicht häufig vor, weil wir hier etwas einsam wohnen."

Blackie bemühte sich, ihr Gerede zu überhören. Er lauschte angestrengt auf die Geräusche, die von oben kamen. Schon zweimal hatte er beifällig genickt, als er hörte, wie Münzen in einen Koffer fielen.

Auch Martha hörte diese Geräusche. „Ich hoffe, Mr. Wilberforce kauft die ganze Sammlung", sagte sie. „Das fände ich wunderbar. George sammelt nun schon beinahe zwanzig Jahre. Er hat bestimmt mehrere tausend Münzen beieinander. Und er verbringt täglich Stunden über seiner Sammlung, sortiert sie oder dergleichen. Wissen Sie, manchmal hat er nicht mal Zeit, ein bißchen mit mir zu plaudern. Deshalb wär ich so froh, wenn..."

Martha blieb das letzte Wort im Halse stecken. Blackie fuhr erschrocken zusammen. Die beiden Schüsse ertönten ganz knapp hintereinander.

Blackie zog blitzschnell eine Pistole aus seiner Mantel-tasche. Er stieß Martha beiseite, stürzte auf die Treppen-haustür zu und blieb dann stehen.

Von oben hörte man schlurfende Schritte. Sie näherten sich der Treppe, zögerten und kamen schließlich, Stufe für Stufe, wie taumelnd nach unten.

Blackie schob Martha gegen die Wand, trat einen Schritt zurück, so daß sein Revolver auf Martha und die Tür zum Treppenhaus gerichtet war. „Hoffentlich war's der Richtige", flüsterte er.

Für ein paar Sekunden verhallten die Schritte, dann kamen sie langsam immer näher auf die Tür zu. Sie wurde ruckartig aufgestoßen, und George erschien auf der Schwelle. Sein Gesicht war aschfahl. Er hielt seine blut-verschmierte Hand gegen den Magen gepreßt.

Martha stieß einen schrillen Schrei aus und stürzte auf ihren Mann zu.

Blackies Hand umfaßte noch immer die Pistole. George taumelte durch den Flur auf die Wand zu und lehnte sich keuchend dagegen.

Blackie ließ erleichtert die Waffe sinken und grinste. „Na, dich hat's wohl erwischt, Freundchen", sagte er.

George sackte Zentimeter für Zentimeter in sich zu-sammen und versuchte, nach Marthas Schulter zu fassen. Doch die Hand griff ins Leere, und er sank vor ihr zu Boden. Plötzlich aber hob er seine rechte Hand, riß sie herum und feuerte mit seiner Automatik drei Schüsse ab.

Mit einem Blick, der ungeheures Erstaunen ausdrückte, stürzte Blackie zu Boden.

Martha beugte sich über ihren Mann. „O George, bist du verletzt?"

„Es ist nicht mein Blut", erwiderte er und stand langsam wieder auf. „Es ist seines da oben. Ich habe mich extra damit beschmiert, um den anderen zu täuschen." Und er deutete auf den am Boden ausgestreckten Blackie.

Martha schlang ihre Arme um George und drückte ihn ganz fest an sich. Als er die Wärme ihres Körpers spürte, kam er langsam zur Ruhe. Die kalte Verzweiflung, die ihn ergriffen hatte, wich allmählich.

„Sie haben dir geglaubt", flüsterte er. „Sie meinten wirklich, die Waffen seien nicht geladen. Deshalb war Wilberforce nicht auf der Hut. Und so hatte ich einen winzigen Vorteil, hatte die kleine Sekunde Vorsprung, die ich brauchte."

„Als ich endlich kapiert hatte, was das für Kerle waren, wußte ich, daß die dich nicht aus den Augen lassen würden, nicht für eine Sekunde. Ich mußte sie irgendwie in Sicherheit wiegen."

George befreite sich aus ihren Armen und wandte sich zum Telefon. Dann hielt er inne und blickte sie an.

„Weißt du", sagte er, „ich hab dir auch geglaubt – bis zu dem Moment, wo du von deinem nicht existierenden Bruder Al sprachst."

„Was hätte ich denn sonst tun können?" meinte Martha. „Ich konnte nur hoffen, du würdest begreifen, was ich dir damit sagen wollte."

44

„Verdammt kluge Frau! Verdammt kluge Frau!" meinte George und nahm den Telefonhörer ab.

„Ja wirklich, das ist sie", erwiderte Martha und rückte energisch ihre Brille zurecht. „Sehr sogar!"

Der Köder

Ein paar Kilometer hinter der Stadtgrenze nahm Garvin den Fuß vom Gaspedal und brummte verärgert vor sich hin. Er warf einen Blick in den Rückspiegel seines Sportwagens und sah hinter sich nur eine klapprige alte Limousine. Garvin drehte den Kopf ein wenig nach hinten und sagte: „Der muß irgendwo abgebogen sein."

Obwohl es schien, als säße er allein im Wagen, antwortete ihm eine gedämpfte Stimme, die aus dem Kofferraum hinter seinem Sitz kam. „So was Dummes, ich dachte schon, die hätten angebissen."

„Hab ich auch gedacht", sagte Garvin. Er schaute stirnrunzelnd auf die enge, mit Schlaglöchern versehene Straße. „Ich fahre jetzt noch ein paar Kilometer weiter und kehre dann um. Danach drehe ich noch einige Runden in der Stadt. Einverstanden?"

„Okay, aber bitte nicht den ganzen Tag. Es ist unerträglich heiß hier drin, und ich kriege schon Muskelkrämpfe."

„Ein bißchen mußt du noch durchhalten." Garvin lachte und beschleunigte das Tempo seines schnittigen Sportwagens. Der kleine Kassettenrecorder in der Innentasche seiner Weste drückte gegen seine Brust, so daß er die Jacke öffnen mußte. Dann zündete er sich eine Zigarette an und warf das Streichholz aus dem Fenster.

Mac, der Mann, der hinten im Kofferraum steckte, hatte wohl recht. Es war sonderbar, daß das schwarzweiße Polizeiauto, das ihnen durch die ganze Stadt gefolgt war, plötzlich die Jagd auf sie aufgegeben hatte. Sie hatten ganz andere Dinge gehört über die sonderbaren Sitten und Gepflogenheiten der Polizeibehörden in dieser Stadt.

Garvin und Mac hatten aus sicherer Quelle erfahren, daß Keysburg eine gut arbeitende Organisation besaß, die nur dazu da war, einfache Bürger zu übertölpeln. Überall gab es Geschwindigkeitsfallen. Man mußte sich die Verkehrsampeln im Zentrum anschauen. Die Lichter waren sorgfältig hinter einem Telefonmasten verborgen. Das Schild, das einen Schülerübergang markierte, konnte man kaum erkennen, weil wildwuchernde Sträucher es fast verdeckten. Und dann gab es ein Hinweisschild, auf dem in Riesenbuchstaben „40 km" stand; darunter aber hieß es in winzigen Buchstaben, fast unleserlich „Mindestgeschwindigkeit".

Garvin warf seine Zigarette aus dem Fenster. Und plötzlich tauchte die klapprige Limousine, die ihn eine Weile lang verfolgt hatte, dicht neben ihm auf und schnitt ihn. Garvin, der hart auf die Bremse trat, mußte seitlich ausweichen. Sein Wagen rutschte noch ein Stück und kam erst zum Stehen, als die Vorderräder schon fast im Straßengraben standen. Garvin war ganz bleich geworden vor Schreck.

Mac rief: „Was zum Teufel…!"

„Der Idiot hat mich geschnitten und an die Seite gedrängt", sagte Garvin, als er sich wieder gefaßt hatte. „Und jetzt aufgepaßt", fügte er hinzu.

Die Limousine hatte kurz vor Garvin gestoppt, und einer der Insassen kletterte gemächlich heraus. In der Sonne blinkte ein silbernes Kennzeichen auf seinem Khakihemd auf.

Als der Mann langsam auf sein Auto zugeschlendert kam, drückte Garvin auf die Aufnahmetaste des Kassettenrecorders in seiner Westentasche.

„Na, vielleicht passiert jetzt doch noch was", murmelte er mehr zu sich als zu Mac.

Der Mann kam langsam näher und untersuchte zunächst einmal das Nummernschild an der Stoßstange.

„Ist irgendwas nicht in Ordnung?" fragte Garvin.

„Und ob was nicht in Ordnung ist", erwiderte der Mann. Er war ein riesiger, breitschultriger Kerl und trug an seiner Hüfte eine ungewöhnlich große Pistole. „Sie veranstalten hier wohl ein Wettrennen, wie?"

Garvin tat so, als würde er erst jetzt das Dienstabzeichen wahrnehmen und sagte mit überfreundlicher Stimme: „Wie meinen Sie das, Herr Wachtmeister?"

„Ashley ist mein Name. Von der Bezirkspolizei." Er

starrte mit seinen blaßgrauen Augen streng auf Garvin. „Es gibt in unserer Stadt Geschwindigkeitsbegrenzungen."

Garvin blinzelte. „In dieser Stadt? Ich dachte Keysville liegt mindestens sechs Kilometer von hier."

„Wir sind hier in Keys*burg*", sagte Ashley und lachte höhnisch. Dabei zeigte er auf einen Hügel in der Ferne. „Die Linie da ist so ungefähr unsere Stadtgrenze. Ziemlich weit ausgedehnte Stadt ist das. Wegen der Geschwindigkeitsübertretung könnte ich ja noch ein Auge zudrücken, weil Sie nicht von hier sind. Auch daß Sie die Verkehrsampeln in der Stadt nicht beachtet haben, will ich noch mal übersehen. Nicht aber, daß Sie unsere Straßen mit Abfällen verschandeln."

„Abfälle?" fragte Garvin mit schüchterner Stimme. Ashley nickte nachdrücklich. „Ja, Abfälle, Freundchen: Ich hab genau gesehen, wie Sie Ihren Zigarettenstummel rauswarfen und das Streichholz. Einen Haufen Zeitungspapier und was sonst noch alles."

„Aber ich..."

Ashley zog die Stirn in Falten. „Sie wollen einem Polizeibeamten drohen. Das wird Sie teuer zu stehen kommen."

„Wieso, ich hab doch gar nichts..."

„Ein Kollege hat mir über Sprechfunk mitgeteilt, daß Sie einen ziemlich üblen Eindruck auf ihn gemacht haben, und hat mich gebeten, Sie im Auge zu behalten. Gut, daß ich's getan habe. Man kann nie vorsichtig genug sein."

„Aber Herr Wachtmeister, ich hab doch gar nichts gesagt…"

„Ich würde an Ihrer Stelle den Mund halten, Freundchen!" Ashley drehte sich zu seinem Wagen um und rief hinüber: „Fahren Sie los, Lem. Ich komm hinterher."

Die alte Limousine setzte sich in Bewegung und hinterließ eine Wolke von Abgasen.

„Rutschen Sie rüber, Freundchen. Ich fahre", schnauzte Ashley ihn an.

„Moment mal", sagte Garvin. Er zögerte. „Was halten Sie davon, wenn ich Ihnen 20 Dollar gebe?"

Ashley hob seine schwielige Hand und schlug Garvin über den Mund. „Bestechungsversuch – wird Sie teuer zu stehen kommen! Rutschen Sie endlich rüber!"

Garvin wechselte den Platz und rieb sich seine schmerzenden Lippen. Er unterdrückte seine Wut und winselte: „Ich hab's doch gar nicht so gemeint."

Schweigend setzte sich der Polizeibeamte hinter das Steuerrad. Nur mit Mühe brachte er den Sportwagen wieder auf die Straße. Dann gab er Gas, und der Wagen brauste los. Innerhalb weniger Sekunden hatten sie die alte Limousine überholt.

„Gilt die Geschwindigkeitsbegrenzung nicht auch für Sie?" murmelte Garvin.

Ashley nahm seine Hand vom Steuer und schlug Garvin noch einmal ins Gesicht. „Das ist meine letzte Warnung", sagte er.

Nur mit Mühe konnte Garvin seine Wut unterdrücken.

Er kauerte sich in seinen Sitz und schaute dabei, so hoffte er wenigstens, ängstlich und ergeben drein. Er griff verstohlen in die Nähe seiner Westentasche, fühlte den Kassettenrecorder und dachte bei sich: Na warte, Bürschchen, du wirst noch dein blaues Wunder erleben!

Der Sportwagen jagte über einen Hügel. Unten im Tal angekommen, trat Ashley auf die Bremse und bog von der Straße in einen staubigen Weg ein. An dessen Ende lag ein baufälliges Haus unter einer Baumgruppe.

Ashley hielt dicht bei der schäbigen Eingangstür der Bruchbude. An der Wand stand in verblichenen Buchstaben etwas geschrieben.

„Friedensgericht", entzifferte Garvin laut.

„Stimmt, Freundchen. Und jetzt steigen Sie aus", befahl Ashley.

Garvin öffnete die Wagentür und wollte langsam aussteigen.

Plötzlich versetzte ihm der Polizeibeamte einen Stoß in den Rücken, so daß Garvin aus dem Wagen purzelte und auf Händen und Füßen landete.

„Sie wollten wohl einen Fluchtversuch machen, was? Na, das kommt teuer."

Inzwischen war der andere Wagen eingetroffen. Ein ähnlich aussehender Typ wie Ashley stieg aus und schlenderte heran.

„Der Bursche hier wollte weglaufen, Lem", berichtete Ashley.

Lem grinste. „Wundert mich gar nicht. Der kam mir

gleich von Anfang an verdächtig vor."

„Na ja", erwiderte Ashley, „der Richter wird ihm schon auf die Sprünge helfen."

Lem nickte beifällig und schaute zu, wie Garvin mühsam wieder auf die Beine kam. Währenddessen trat ein großer, dickbäuchiger Mann aus dem Haus. Er blickte zu Garvin hinüber, dann musterten seine halb zusammengekniffenen Augen den teuren Sportwagen und das ortsfremde Nummernschild. Ein zufriedenes Lächeln huschte über seine Lippen.

„Wir haben da einen ganz besonders üblen Kerl erwischt", sagte Ashley.

„Soll reinkommen", brummte der Richter. Er ging voran in einen dämmrigen, schäbig möblierten Raum und ließ seinen massigen Körper in einen Stuhl hinter einem altertümlichen Schreibtisch sinken.

„Na?" fragte er.

Ashley berichtete: „Die Kollegen in der Stadt haben uns per Funk auf diesen Burschen aufmerksam gemacht. Er hatte schon eine Menge angerichtet, bevor er die Stadt verließ. Dann haben wir ihn geschnappt. Was der alles angestellt hat: Überhöhte Geschwindigkeit, Straßenverunreinigung, aggressives Fahren, versuchte Bestechung..."

„Moment mal", unterbrach der Richter. Er massierte seine dicken Hände auf dem Schreibtisch, räusperte sich und sagte dann: „Die Sitzung ist eröffnet. Fahren Sie fort, Wachtmeister."

„Beleidigung eines Polizeibeamten bei Ausübung seiner Pflichten, Versuch ihn tätlich anzugreifen sowie Fluchtversuch. Und außerdem, wie Sie sehen können, ist der Bursche auch noch total betrunken." Ashley holte tief Luft.

Der Richter nickte bedeutungsvoll. Er rieb sich mit der Hand über seinen Glatzkopf. „Aha", meinte er befriedigt und warf Garvin einen durchbohrenden Blick zu. „Können Sie was zu Ihrer Entschuldigung vorbringen?"

„Das ist ja die reinste Straßenräuberei", sprudelte Garvin hervor. „Der Mensch da ist völlig übergeschnappt. Kein Wort von dem, was er gesagt hat, ist wahr. Man erzählt sich ja gewisse Dinge über diesen Ort. Aber ich hätte nie gedacht…"

„So, so", sagte der Richter grinsend. „Mißachtung des Gerichts. Wollen Sie noch was vorbringen?"

Garvin ließ entmutigt seine Hände sinken. „Schon gut. Was muß ich zahlen?"

Der Richter kritzelte etwas auf ein Blatt Papier. Ashley und Lem schauten ihm aufgeregt zu. Garvin warf einen raschen Blick auf die Tür. Er wußte, daß Mac dahinter stand und jedes Wort mitbekam. Und sein Gerät in der Westentasche bekam auch alles mit, Wort für Wort. Garvin lächelte.

Der Richter hörte auf zu schreiben. „Also, das macht alles zusammen 200 Dollar."

Alle drei schauten auf Garvin, und diesmal war seine Empörung echt. „Das ist aber…"

„Jawohl, das ist es", knurrte der Richter. „200 Dollar oder 200 Tage Kittchen. Sie können wählen."

Garvin holte seine Brieftasche hervor und ließ sie auf den Boden fallen. Er bückte sich danach, doch Ashley kam ihm zuvor. Der Polizeibeamte hob sie auf, öffnete sie und zählte die Geldscheine.

„Du liebe Güte!" rief er überwältigt. „Der Kerl hat ja Geld wie Heu!"

Der Richter streckte die Hand aus. „Her damit!" Er nahm die Brieftasche und schaute hinein. Dann pfiff er befriedigt, räusperte sich und sagte: „Wenn ich's recht bedenke, ist unsere Strafe zu niedrig. Ich hab da ein paar Dinge übersehen. Also sagen wir: 300 Dollar."

Garvin sprach nun laut und betont deutlich: „Sie wollen von mir also 300 Dollar haben?"

„Er hat's doch gerade gesagt", knurrte Ashley.

„Und damit kommen Sie noch billig davon", fügte der Richter hinzu.

Lem, der zweite Polizeibeamte, sagte nun: „Warum nehmen wir nicht das ganze Geld? Warum so bescheiden? Der Kerl kann sich gar nicht wehren."

Allgemeines Schweigen. Dann murmelte der Richter: „Lem, das ist ein guter Einfall."

Das war genug, mehr als genug, dachte Garvin. Er ging rückwärts auf die Tür zu, zog langsam seinen Kassettenrecorder aus der Tasche und fuchtelte damit in der Luft herum.

„Was ist das für ein Ding?" fragte Lem.

„Ein kleiner netter Apparat, der euch Gangster für eine hübsch lange Zeit hinter Gitter bringen wird", sagte Garvin genußvoll.

Ashley stammelte: „Aber hören Sie mal, Sie können doch nicht…"

„Und ob ich kann, Freundchen", erwiderte Garvin. „Jedes Wort, das Sie von sich gegeben haben, ist hier festgehalten. All die erfundenen Beschuldigungen. Und auch die letzte Bemerkung, mir all mein Geld wegzunehmen. Na, Richter?"

Das Gesicht des Richters glänzte jetzt vor Schweiß. „Wer sind Sie?"

„Werfen Sie meine Brieftasche herüber", sagte Garvin. Als er sie in den Händen hatte, öffnete er sie und zeigte ihnen eine Karte, die wie ein Dienstausweis aussah. „Kriminalpolizei", sagte er knapp. „Zufrieden?"

„Guter Gott", murmelte Lem.

Ashley schien einer Ohnmacht nahe.

Der Richter öffnete und schloß den Mund wie ein Fisch auf dem Trockenen. Schließlich faßte er sich.

„Nun, vielleicht können wir uns arrangieren."

„Machen Sie einen Vorschlag", erwiderte Garvin.

Der Richter zog mit zitternden Händen einen kleinen Schlüssel aus seiner Hosentasche und öffnete die Tischschublade. Er holte einen Metallkasten heraus, der ein Bündel Banknoten enthielt. „Hier sind ungefähr 2000 Dollar."

„Einen Polizeibeamten bestechen, wie?" Garvin äffte

Ashleys Tonfall nach.

„Wir wollen doch vernünftig miteinander reden", sagte der Richter.

„Ich bin ganz vernünftig." Garvin wies mit dem Kopf auf die Tür. „Los, Jungens! Auf euch wartet eine gemütliche Zelle."

Der Richter öffnete einen zweiten Metallkasten, der einen weiteren Schatz enthielt. „Also 3000", stöhnte er. Dicke Schweißtropfen liefen von seiner Stirn herab.

„Wie lange haben Sie gebraucht, bis sie soviel beieinander hatten?" fragte Garvin. „Wie viele arme Schlucker haben Sie und Ihre Kumpane mit dieser Gerichtsfarce ausgeraubt?"

Der Richter winkte abwehrend mit der Hand. „Jetzt keine Moralpredigten", sagte er.

Ashley hatte sich derweilen hinter Lem verschanzt. Plötzlich zog er seinen Revolver hervor und sprang damit auf Garvin zu.

„Idiot!" rief er. „Glauben Sie vielleicht, wir ließen uns wie brave Schafe ins Kittchen führen?"

Garvin blieb ganz ruhig. „Schauen Sie mal zur Tür rüber, Freundchen."

Im Türrahmen stand Mac, in der Hand eine Pistole, die auf Ashleys Kopf gerichtet war.

Mit einem ängstlichen Laut ließ Ashley seine Waffe sinken und trat zur Seite.

„Und Sie, Lem?" meinte Garvin. Lems Pistole fiel zu Boden. „Ich tu ja, was Sie sagen", murmelte er.

Während Mac die drei in Schach hielt, schritt Garvin zum Schreibtisch, raffte alles Geld zusammen und steckte es in seine Taschen, die fast aus den Nähten platzten.

„Ich lasse Sie drei noch mal davonkommen, obwohl sie es eigentlich nicht verdient haben", sagte er, bevor er zur Tür schritt.

„Und was ist mit dem Tonband?" rief ihm der Richter nach.

Garvin ließ diese Frage unbeantwortet. Kurze Zeit später bog der Sportwagen auf die Hauptstraße. Garvin blickte zurück.

„Gott sei Dank, sie verfolgen uns nicht. Das hatte ich nämlich befürchtet. Unglaublich, auf welche Art diese Kerle ihren Lebensunterhalt verdienen!"

Garvin gab Gas und lachte. „Na ja, die müssen sich aber auch ganz schön dafür abrackern."

„Ob die wirklich geglaubt haben, daß du von der Kripo bist?" fragte Mac nach einer Weile.

Garvin zuckte die Achseln. „Nun, meine alte Armee-Kennkarte sieht recht offiziell aus. Weißt du, ich hab richtig Lust, das Band in eine kleine Schachtel zu stecken und der Kriminalpolizei zu schicken – der richtigen meine ich. Diese drei Burschen sind wirklich die dreckigsten Typen, die ich je gesehen habe."

Mac nickte nachdenklich. „Vergiß aber eines nicht, bevor du das Ding abschickst."

„Und das wäre?"

„Wisch alle Fingerabdrücke, die darauf sein könnten, vorher ab."

„Da hast du recht."

Der Wind aus dem Osten

Soon Fat war der Besitzer des besten chinesischen Restaurants in ganz Montreal. Wer die chinesische Küche schätzte und abends gut, leicht und nicht zu teuer essen wollte, der brauchte nicht lange zu überlegen, der ging in die Fleet Street zu Soon Fat.

Soon Fat, Sohn chinesischer Einwanderer, war in Kanada geboren. Neben seiner Muttersprache sprach er fließend Englisch und Französisch und zählte zu den führenden Köpfen der chinesischen Gemeinde von Montreal. Dies war allgemein bekannt. Allgemein nicht bekannt dagegen war Soon Fats enormer persönlicher Einsatz, was das unglückliche Schicksal einiger seiner Landsleute anging.

Ah Lee war ein solcher Fall.

Gegen 22 Uhr 15 an einem Donnerstag im Januar – es war eine stürmische, eiskalte Nacht – saß Ah Lee allein vor einer Kanne mit dampfendem Tee an einem Ecktisch von Soon Fats Restaurant. Ängstlich beobachtete er das

Kommen und Gehen von Soon Fat, der seinen Pflichten als Gastwirt nachkam, seine Kunden begrüßte, mit den Stammgästen plauderte, die Bedienung überwachte, Getränkebestellungen entgegennahm und unentwegt zwischen Speisesaal und Küche hin und her pendelte.

Als Soon Fat schließlich auch in die Nähe von seinem Tisch kam, ergriff Ah Lee die Gelegenheit, um schüchtern das Wort an ihn zu richten.

„Der Wind aus dem Osten wechselt über nach Süden", sagte er auf chinesisch, das heißt im kantonesischen Dialekt. Seine Stimme klang unsicher und nervös.

Soon Fat hob die Brauen, trat näher und beugte sich über Ah Lees Tisch. „Hab ich richtig verstanden, junger Mann?" fragte er auf englisch. „Sagten Sie etwas über den Ostwind?"

Ah Lee starrte den dickbäuchigen Gastwirt verdutzt an und brachte kein Wort hervor.

Soon Fat nahm an seinem Tisch Platz und lächelte freundlich, so, als sei sein Gegenüber ein alter Bekannter. Dann wiederholte er seine Frage, diesmal auf französisch. „Hab ich richtig verstanden, junger Mann? Sagten Sie etwas über den Ostwind?"

Und wieder sah ihn Ah Lee verstört an. Schließlich nahm er allen Mut zusammen und erklärte auf kantonesisch den Grund für seine Verwirrung. „Verstehen Sie denn unsere Muttersprache nicht mehr?" fragte er.

Soon Fat lächelte, wobei er seine Lippen fest aufeinandergepreßt hielt. „Aber sicher doch", antwortete er in fließendem Kantonesisch. „Sie dagegen scheinen weder Englisch noch Französisch zu verstehen."

„Oh!" Ah Lees Gesichtszüge entspannten sich; er war sichtlich erleichtert. „Da haben Sie recht, Sir."

„Gut, das wäre geklärt", meinte Soon Fat. „Trotzdem habe ich immer noch nicht verstanden, was es mit dem Ostwind auf sich hat."

„Kai San in Hongkong…", begann Ah Lee.

Soon Fat hob die rechte Hand. „Keine Namen, bitte schön", sagte er und lachte dabei, als würde er mit Ah Lee Witze reißen. Er war ein äußerst vorsichtiger Mann. Wer konnte wissen, ob einer von seinen späten Gästen nicht die Ohren spitzte, um zu erfahren, was Soon Fat mit diesem sonderbaren Chinesen so Wichtiges zu besprechen hatte?

„Sehr gut, Sir. Man trug mir auf, mich mit diesem Satz bei Ihnen vorzustellen."

„Sie wollen meine Hilfe, wie?"

Ah Lee senkte den Kopf und starrte auf seine Hände. Sie zitterten. „Ja", erwiderte er mit leiser Stimme. „Ja, Sir, ich brauche Ihre Hilfe. Bitte!"

„In Ordnung", meinte Soon Fat fast im Flüsterton, so daß auch am Nachbartisch niemand ein Wort hätte verstehen können. „Trinken Sie Ihren Tee zu Ende, zahlen Sie und verlassen Sie dann das Lokal, so wie jeder andere Gast es auch tun würde. Verstanden? Gehen Sie dann links und wieder links in die schmale Gasse, die an diesem Gebäude entlang verläuft. Am Ende der Gasse befindet sich die Küche des Restaurants. Treten Sie durch die Hintertür ein. Rechter Hand ist eine Treppe; die steigen Sie rauf und öffnen oben die linke Tür. Sie führt in mein Büro. Warten Sie dort im Dunkeln auf mich. Ich werde kurz nach Ihnen kommen."

„Und was ist mit Ihren Köchen?" fragte Ah Lee.

„Sie sind meine Neffen. Sie sehen und hören nichts. Geben Sie aber acht, daß niemand anderer sieht, wohin Sie gehen." Soon Fat erhob sich, eilte zum vorderen Teil des Restaurants, um sich von einer Gruppe aufbrechender Gäste zu verabschieden.

Ah Lee trank seinen Tee aus. Die Nervosität war von ihm gewichen, und er schien neuen Mut zu fassen. Er zahlte, ließ aber kein Trinkgeld zurück. Kurz darauf erhob er sich von seinem Stuhl und ging auf die Tür zu, wobei seine abgetragenen Sandalen über die Steinfliesen schlurften. Er trug verblichene, ausgefranste Jeans. Unter seiner schwarzen, geöffneten Windjacke schaute ein schmuddeliges T-Shirt hervor, das er falsch herum angezogen hatte, um es von seiner weißeren Seite zu präsentieren.

Er verließ das Restaurant und hielt sich genau an Soon Fats Anweisungen. Nachdem er sich versichert hatte, daß niemand ihn beobachtete, bog er in die schmale Gasse ein. Er schlich dicht an der Mauer entlang, bis er zur Küche des Restaurants gelangte. Dort kauerte er eine Weile im Schatten der großen Mülltonnen und lauschte aufmerksam. Bis auf das Surren des großen Küchenventilators war nichts zu hören. Nach etwa fünf Minuten war er sicher, daß ihm niemand gefolgt war.

Die Hintertür des Restaurants war unverschlossen. Er öffnete sie behutsam und trat ein. Etwas hilflos sah er sich in der modernen blitzblanken Edelstahlküche um, in der Fat Soons berühmte Gerichte gekocht wurden. Zwei junge Chinesen mit hohen weißen Hüten standen plaudernd vor dem riesigen elektrischen Herd. Sie blickten nur kurz auf, musterten ihn gleichgültig und nahmen sofort ihr lebhaftes Gespräch wieder auf. Ah Lee glaubte, zwischen dem Lachen und Tuscheln mehrere Mädchennamen verstanden zu haben.

Er schaute nach rechts und fand eine geschlossene Tür. Ah Lee tat zwei flinke Schritte, drückte die Klinke herunter, stieß die Tür auf und schlüpfte hindurch. Als er sie hinter sich geschlossen hatte, stand er plötzlich in völliger Dunkelheit.

Einen Augenblick blieb er reglos stehen, versuchte sich zu orientieren. Dann bewegte er sich ganz langsam vorwärts, hielt dabei die Hände vorgestreckt, bis sie das Treppengeländer zu fassen bekamen. Die Stufen waren steil. Vorsichtig setzte er einen Fuß vor den anderen. Oben angelangt, tastete er sich an der Wand entlang, bis er links die besagte Tür fand. Er öffnete sie und trat ein. Niemals, so glaubte er, war er von so pechschwarzer Finsternis umgeben gewesen. Ihm war fast, als wäre er blind.

Leise schloß er die Tür und tat drei Schritte in den

dunklen Raum, bis er mit dem Knie gegen eine hölzerne Kante stieß. Er beugte sich vor, tastete den Gegenstand ab. Es war ein Sessel. Er nahm Platz und wartete geduldig auf Soon Fat.

Soon Fat mußte im Dunkeln sehen können und sich lautlos bewegen wie eine Katze, dachte Ah Lee. Er hatte weder Schritte auf der Treppe vernommen, noch gehört, daß die Tür geöffnet worden war, als er plötzlich eine Hand auf seiner Schulter spürte. Erschrocken fuhr er zusammen.

Schallendes Lachen, dann wurde die Hand von seiner Schulter genommen. Fast im selben Augenblick ging hinter seinem Rücken eine Lampe an. Nach der totalen Dunkelheit blendete ihn das Licht. Er blinzelte, bis er schließlich Soon Fat erkannte, der lächelnd hinter einem großen eleganten Teakholzschreibtisch saß. Sein Lächeln hatte etwas Boshaftes, dachte Ah Lee. Sicher bereitete es ihm Vergnügen, ihn so erschreckt zu haben.

Der Raum war nur spärlich möbliert. Zwei weitere Sessel, ähnlich wie der, auf dem Ah Lee saß, standen zu beiden Seiten eines dunkelroten Sofas an der Wand gegenüber der Tür. Das waren – neben dem Schreibtisch, dem dazugehörenden Stuhl und drei Lampen – die einzigen Möbel in dem Büro. Ah Lee sah jetzt, daß die Sesselbeine und -lehnen mit kostbaren Schnitzereien verziert waren. Die Sockel der Lampen waren aus hauchdünnem bemaltem Porzellan. Ein ovaler chinesischer Teppich zierte den Boden, die Wände waren mit Seidentapete versehen. Merkwürdig war, daß der Raum überhaupt keine Fenster besaß. Es war angenehm warm, doch Ah Lee konnte nirgends Heizkörper entdecken. Auf Soon Fats Schreibtisch stand ein schickes modernes Telefon, daneben ein in Leder gebundener Terminkalender und ein kostbarer Kugelschreiber in einem Elfenbeinhalter.

Es war ein schlichter und zugleich doch unglaublich luxuriöser Raum, der Ah Lee auf schmerzliche Weise an seine eigene Armut erinnerte.

„Gefällt es Ihnen, mein Büro?" fragte Soon Fat.

„Es ist sehr hübsch", erwiderte Ah Lee.

Soon Fat wischte die Bemerkung mit einer Handbewegung fort. „Auf alle Fälle sind wir hier ganz unter uns. Ich darf doch annehmen, daß Sie, genauso wie ich, großen Wert auf Diskretion legen." Er kicherte.

Ah Lee nickte. „Kai San sagte, Sie würden mir helfen."

Soon Fat deutete eine Verbeugung an, was nicht leicht ist für jemanden, der hinter einem Schreibtisch sitzt. „Ich stehe zu Ihren Diensten. Dürfte ich Ihren Namen erfahren?"

„Ah Lee."

„Und wobei soll ich Ihnen helfen?"

„Über die Grenze in die Vereinigten Staaten zu kommen", antwortete Ah Lee.

„So. Und woher sind Sie?"

„Aus Hongkong."

„Wie sind Sie hierhergekommen?"

„Auf der *Kowloon Star*. Als Deckarbeiter."

Ah Lee dachte an die langen Wochen unmenschlich harter Arbeit auf Deck der *Kowloon Star*, bevor der rostige Frachter endlich durch den Golf von Sankt Lorenz und schließlich über den Sankt-Lorenz-Strom schipperte.

„Und dann haben Sie sich heimlich von Bord gestohlen?" fragte Soon Fat.

„Ja, Sir. Vor vier Tagen."

Soon Fat öffnete eine der Schreibtischschubladen und zog ein kleines Bündel mit Zeitungsausschnitten heraus, die mit einer Heftklammer zusammengehalten waren. Er blätterte sie flink durch. „Da haben wir's schon", sagte er. „Die *Kowloon Star*. Ja, sie hat am Montag hier angelegt." Er warf Ah Lee einen entschuldigenden Blick zu. „Ich muß mich über diese Dinge auf dem laufenden halten – eine notwendige Sicherheitsmaßnahme, wie Sie sicher verstehen werden."

„Ich lüge nicht, Sir", sagte Ah Lee würdevoll.

„Sie vielleicht nicht. Aber einige meiner Schützlinge tun es. Und ich muß sehr vorsichtig sein." Soon Fat steckte seine Zeitungsausschnitte weg und schaute Ah Lee dabei fast vorwurfsvoll an. „Und zu meinem eigenen Schutz, Ah Lee, werde ich überprüfen, ob tatsächlich ein chinesischer Deckarbeiter namens Ah Lee auf der *Kowloon Star* war... und letzten Montag heimlich von Bord gegangen ist."

Ah Lee blickte zerknirscht auf seine Hände. „Ich verstehe, daß Sie vorsichtig sein müssen", murmelte er.

Sofort war Soon Fats gute Laune wiederhergestellt. „Übrigens", sagte er leichthin, „wird meine Hilfe, wie Sie es nennen, von offizieller Seite mißbilligt. Die Behörden betrachten sie als illegales Einschmuggeln von Ausländern in unser großes Bruderland im Süden." Soon Fat grinste und entblößte dabei seine schneeweißen falschen Zähne. „Wohin in die Vereinigten Staaten soll's denn gehen?"

„Ich habe zwei Vettern in New York", antwortete Ah Lee, und seine Augen leuchteten auf. „Sie haben meinem Vater geschrieben und gefragt, ob ich nach Amerika kommen und bei ihnen leben wolle. Sie haben versprochen, mir sehr schnell die amerikanische Sprache beizubringen..., damit ich schon bald in ihrer Schneiderei arbeiten kann. Ich möchte nicht unbescheiden erscheinen, Sir, aber ich bin ein ausgezeichneter Schneider. Ich habe acht Jahre lang in einer der größten und bekanntesten Schneidereien von Hongkong gearbeitet..."

„Aha", meinte Soon Fat trocken. „Sie meinen New York City, nicht wahr?"

„Ja, Sir."

Soon Fat nickte und machte mit dem Kugelschreiber einen Vermerk auf seinem Notizblock. Dann schaute er auf und fragte unvermittelt: „Woher kennen Sie Kai San?"

„Er ist ein Freund meines Vaters", antwortete Ah Lee. „Er erklärte meinem Vater, daß Sie schon vielen unserer Landsleute geholfen hätten, in die Vereinigten Staaten zu kommen... Und er nannte mir den Satz von dem Ostwind als... als Losung sozusagen."

„So, so." Soon Fat kicherte. „Ich bin wohl ziemlich berühmt in Hongkong, wie?" Er trommelte mit den Fingern auf die Schreibtischplatte. „Doch wissen Sie, Ah Lee, diese Schmuggeltricks kosten leider Geld. Viel Geld."

„Ich habe Geld", rief Ah Lee eifrig. Jetzt war er sicher, daß Soon Fat bereit war, ihm zu helfen. „Meine ganzen Ersparnisse, Sir. Und außerdem noch eine kleine Summe, die mir mein alter Vater mit auf den Weg gegeben hat."

„Wieviel?" fragte Soon Fat ungeniert.

Ah Lee öffnete den Mund, um die Summe zu nennen, besann sich dann jedoch eines Besseren und fragte statt dessen: „Welchen Preis verlangen Sie?"

Zu seiner Überraschung brach Soon Fat in schallendes Gelächter aus. „Sie sind also doch nicht der junge Tölpel, für den ich Sie anfangs gehalten hatte."

Ah Lee konnte nicht umhin, ebenfalls zu lachen. „Nichts für ungut, Sir."

„Haben Sie 1200 Dollar?"

Ah Lee schnappte nach Luft. So viel! Er suchte nach einem Kompromiß. „Hongkong-Dollars?"

„Nein, kanadische natürlich", erwiderte Soon Fat gelassen.

„Das ist ja ein Vermögen!" rief Ah Lee. „Ein Vermögen!"

„Die Hälfte geht an meinen amerikanischen Kollegen",

erklärte Soon Fat unbeeindruckt.

„Trotzdem ist es ein Vermögen", jammerte Ah Lee, begann aber sogleich, wie es unter seinen Landsleuten Sitte ist, eifrig zu handeln. Am Ende einigten sie sich auf 1000 Dollar, worin der Preis für Ah Lees Busfahrkarte nach New York inbegriffen war.

Soon Fat sah lächelnd zu, wie Ah Lee die kanadischen Dollars zählte und vor ihm auf den Schreibtisch hinblätterte. Soon Fat sammelte die Scheine ein und glättete sorgfältig die Ränder.

„Kommen Sie morgen gegen Mitternacht hierher", sagte er. „Nehmen Sie, wie heute abend, den Hintereingang. Geben Sie acht, von niemandem beobachtet zu werden. Und bringen Sie Ihr Gepäck mit. Mein amerikanischer Kollege wird Sie hier auflesen und dafür sorgen, daß Sie morgen nacht über die Grenze nach Vermont kommen."

„Ich werde hier sein." Ah Lee atmete tief und konnte es kaum fassen, daß sein Traum Wirklichkeit werden würde. „Punkt Mitternacht?"

„Ja. Sind Sie sicher untergebracht?"

Ah Lee errötete. „Ich glaube schon, Sir", sagte er. „Ich wohne bei Madame Turot." Madame Turot war die Besitzerin eines obskuren Hotels im chinesischen Teil der Stadt. Ihre Zimmer wurden zum Teil auch an Mädchen eines zweifelhaften Gewerbes vermietet.

Soon Fat entblößte erneut seine falschen Zähne. „Die jungen Männer von heute! Nur Dummheiten im Sinn!"

Ah Lee schüttelte heftig den Kopf. „Kai San hat Turots

Hotel empfohlen – wegen der billigen Zimmerpreise!"

„Wie dem auch sei", erwiderte Soon Fat. „Auf alle Fälle ist es ein sicherer Ort. Bis morgen, Ah Lee."

Beide Männer verneigten sich tief, und Ah Lee machte sich auf den Weg in sein Hotel. Als er die steile Treppe hinabstieg, hörte er deutlich, wie Soon Fat den Hörer seines Telefons abhob und eine Nummer wählte.

In der folgenden Nacht gegen halb zwölf saß Soon Fat behaglich in seinem Büro über der Restaurantküche. Ein Kännchen mit dampfendem Tee stand auf seinem Teakholzschreibtisch. Er nippte von Zeit zu Zeit an seiner kleinen Porzellantasse, während er mit seinem Besucher sprach.

„Es ehrt mich sehr, daß Sie heute gekommen sind", sagte er auf englisch zu dem Mann, der in dem Sessel saß, auf dem Ah Lee am Vorabend Platz genommen hatte. „Eigentlich hatte ich einen Ihrer Söhne erwartet."

„Ich kann die Sache genausogut selbst erledigen", meinte Roger Bailey und drehte bedächtig ein volles Glas Whisky in seinen großen Bauernhänden. „Ich mußte sowieso nach Montreal reinfahren, um meine Schwester im Krankenhaus zu besuchen."

„Ist sie krank?" fragte Soon Fat teilnehmend. „Ich hoffe, es ist nichts Ernstes."

„Todkrank", erwiderte Roger Bailey und brach dabei in hämisches Lachen aus. „Die alte dumme Kuh!"

Soon Fat hatte kein Verständnis für diese Art von

Humor; trotzdem lächelte er, so als fände er die Bemerkung seines Gegenübers sehr komisch. Er faltete seine Hände und neigte höflich den Kopf. „Diesmal werden wir 1000 Dollar einkassieren", meinte er verschmitzt.

Der Amerikaner nickte erfreut. „Nicht schlecht, Fatso. Gar nicht schlecht. Das ist um vieles mehr, als wir Weihnachten für die beiden jungen Kerle gekriegt haben."

Soon Fats Miene verfinsterte sich. „Wir haben nicht schlecht an ihnen verdient. Vor allem, wenn man bedenkt…"

Bailey grinste verlegen. „Es war nicht meine Schuld, daß die Jungs von der Einwanderungsbehörde gerade an dem Abend das Gebiet durchforstet haben", sagte er. „Ich konnte die beiden unmöglich, wie verabredet, wieder auflesen, nachdem sie die Grenze nach Vermont überquert hatten. Als ich die Warnung von dem Sondergrenzkommando erhielt, war es zu spät, um irgend etwas zu unternehmen. Es wäre töricht gewesen, unsere Geschäfte wegen zwei lächerlicher Chinesen aufs Spiel zu setzen."

„Mir tut die ganze Geschichte sehr leid", sagte Fat Soon mit sanfter Stimme. „Es waren zwei nette Jungs."

„Sie sind halt erfroren, während sie auf mich warteten", meinte Bailey gleichgültig. „Pech für sie, doch es war nicht zu verhindern." Er nahm einen kräftigen Schluck von seinem Whisky und wechselte schnell das Thema. „Hat der Neue in bar bezahlt?"

Soon Fat reichte ihm ein Bündel mit Banknoten über

den Schreibtisch. „Natürlich. Fünfhundert Dollar für Roger Bailey, fünfhundert Dollar für Soon Fat." Er kicherte.

Bailey zählte das Geld sorgfältig und steckte es dann in seine Westentasche. „Leicht verdient, Fatso", sagte er zufrieden.

„Wird es diesmal keine Schwierigkeiten geben?" Soon Fats Stimme hatte einen harten Unterton. Er schätzte es nicht, Fatso genannt zu werden.

„Nein, diesmal nicht. Ich weiß von der Polizeibehörde, daß heute nacht nichts passieren kann."

„Und wo?"

„Die Derby-Linie. Da gibt's 'ne Menge unbewachter Schotterstraßen und Feldwege. Ihr Junge kommt so gemütlich über die Grenze, als würde er einen Spaziergang im Park machen."

Bailey fertigte eine schnelle Skizze auf der Rückseite eines Umschlages an und zeigte sie Soon Fat. „Sehen Sie? Ich setze ihn auf dieser Seite ab, lese ihn auf der anderen wieder ein unf fahre ihn nach Burlington. Ein Kinderspiel. Ich setze ihn sogar in den Bus, wenn Sie wollen."

„Das wäre das beste, glaube ich. Er spricht nämlich kein Wort Englisch."

„Ist auch gar nicht nötig. Ich habe bereits eine Fahrkarte für ihn besorgt. " Er reichte sie Soon Fat. „Sagen Sie ihm, er soll bis New York keinen Mucks von sich geben, dann wird alles glatt verlaufen."

„Ich werd's ihm sagen."

„Und erklären Sie ihm genau, wie die Geschichte abläuft. Ich kann ihm ja keine Anweisungen geben, wenn er nicht Englisch spricht."

„Ich werde ihm alles erklären."

„Für wann haben Sie ihn bestellt? Ich will, daß er morgen früh den Sieben-Uhr-Bus erwischt."

„Für Mitternacht."

„Dann bleiben noch zehn Minuten", sagte Bailey, nachdem er auf seine Uhr geschaut hatte. „Wie wär's mit einem zweiten Gläschen, Fatso? Dies ist ein guter Tropfen."

Es war eine Minute vor Mitternacht, als sie Ah Lee die steile Treppe hinaufsteigen hörten. Kurz darauf klopfte es schüchtern an der Tür.

„Herein!" rief Soon Fat auf kantonesisch.

Ah Lee öffnete die Tür und trat ein. In der rechten Hand hielt er den billigen Pappkoffer, in dem sein weniges Hab und Gut verstaut war. Er sah noch ärmlicher aus als am Vorabend. Dunkle Ringe lagen um seine Augen, seine Wangen waren ausgehöhlt.

„Guten Abend, Ah Lee", begrüßte ihn Soon Fat vergnügt. „Haben Sie eine angenehme Nacht bei Madame Turot verbracht?"

„Ich konnte nicht schlafen, Sir. Ich war einfach zu glücklich." Ah Lees Augen wanderten hinüber zu Roger Bailey.

„Dies ist der amerikanische Kollege, den ich gestern erwähnte", sagte Soon Fat.

Ah Lee stellte seinen Koffer ab und machte eine tiefe Verbeugung vor dem Amerikaner. Bailey hatte sich in seinen geschnitzten Sessel zurückgelehnt, so daß sein Schmerbauch noch mehr zur Geltung kam. Seine kleinen grauen, eiskalten Augen musterten den Chinesen.

„Hallo, Junge", rief er und hob dabei sein Whiskyglas. An Soon Fat gewandt, fuhr er fort: „Mach weiter, Fatso. Erklär ihm alles."

Ah Lee lauschte aufmerksam, während Soon Fat beschrieb, was weiter mit ihm geschehen würde. Dann lächelte er nervös und nickte mit dem Kopf. „Ich verstehe, und ich werde mich genau an Ihre Anweisungen halten."

„Gut", meinte Soon Fat. Und auf englisch fügte er hinzu: „Damit wäre alles geklärt."

Bailey erhob sich aus seinem Sessel. Wie ein Riese wirkte er neben Ah Lee. Er legte seine schwere Pranke auf die Schulter des Chinesen. „Auf geht's, Junge", sagte er und trat auf die Tür zu.

Ah Lee hob seinen Koffer auf, machte eine tiefe Verbeugung vor Soon Fat, murmelte ein Dankeschön und folgte Bailey die Treppe hinunter. Die Küche lag im Dunkeln, das Restaurant war geschlossen. Niemand sah, wie Bailey und Ah Lee durch die Hintertür ins Freie traten.

Etwa zwanzig Meter die Gasse hinauf stand ein kleiner Kombiwagen geparkt. Bailey öffnete die hintere Tür und trat einen Schritt zurück. Wie vereinbart kletterte Ah Lee in den Laderaum des Wagens, kauerte sich am Boden nieder und versuchte, sich's so gemütlich wie möglich zu machen. Bailey reichte den Koffer nach und schlug die Tür zu. Ah Lee stellte zu seiner Erleichterung fest, daß Soon Fat nicht gelogen hatte, zumindest was den Wagen anbetraf. Er hatte mehrere Decken vorgefunden, so daß er nicht auf dem nackten Boden sitzen mußte. Außerdem bekam er genügend frische Luft, weil die hintere Tür nicht ganz dicht schloß.

Etwa zwei Stunden kauerte Ah Lee im Laderaum von Baileys Kombiwagen und lauschte auf das Geräusch des Motors und der Reifen, die, nach dem gleichmäßigen Surren zu urteilen, über eine gut geteerte, schneefreie Schnellstraße rollten. Anfangs hielt der Wagen etwa ein halbes dutzendmal an. Das waren sicherlich Verkehrsampeln der Vororte von Montreal, schloß Ah Lee, also kein Grund zur Aufregung. Als plötzlich der Wagen abbremste und in einen holprigen Seitenweg abbog, wußte er, daß die erste Hälfte des qualvollen Unterfangens auf ihr Ende zuging.

Wenige Minuten später kam der Wagen zum Stehen. Ah Lee spitzte die Ohren, hörte, daß Bailey die Fahrertür öffnete und ausstieg. Er ließ den Motor laufen. Kurz darauf wurde die Ladetür aufgezogen.

„Raus!" brummte Bailey und deutete durch eine Handbewegung an, was damit gemeint war. Ah Lee kletterte ins Freie, machte zwei Kniebeugen, um seine verkrampften Beinmuskeln zu lockern. Er bemerkte, daß die

Scheinwerfer nicht eingeschaltet waren. Der Erdboden war mit einer dünnen Schneeschicht bedeckt.

Ah Lee langte in den Laderaum und hob seinen Koffer heraus. Dann schaute er sich um. Sie befanden sich am Rande einer Waldung. Die Nacht war sternklar, und Ah Lee konnte die Wagenspuren auf dem Schotterweg erkennen, in den Bailey eingebogen war.

Ah Lee nickte Bailey freudig strahlend zu und sagte eifrig: „Soon Fat hat mir diese Stelle genau beschrieben und…" Dann fiel ihm ein, daß Bailey ihn ja gar nicht verstand.

Soon Fat hatte ihm die Waldung beschrieben, den Schotterweg und die Hügelkette, die sich in der Ferne erhob. Soon Fat hatte ihm außerdem erklärt, daß die Grenze zwischen Kanada und Vermont genau mitten durch diese Waldung verlief und daß die Stelle heute nacht mit Sicherheit nicht bewacht war. Ah Lee zog die eisige Luft tief in sich ein und knöpfte seine Windjacke zu. Er zitterte vor Kälte – und vor Aufregung.

Bailey tippte ihm auf die Schulter und wies dann mit dem Zeigefinger, der Ah Lee an eine dicke Zigarre erinnerte, in Richtung Süden.

„Da", sagte er. „Da geht's lang. Kapiert?"

Er musterte Ah Lee, um sich zu vergewissern, daß er verstanden hatte.

Ah Lee nickte erneut, hob seinen Koffer auf und machte sich auf den Weg in die Waldung. Die Bäume, vorwiegend Tannen und Kiefern, dufteten köstlich.

Außerdem gewährten sie ihm Schutz gegen den eiskalten Wind.

Bailey stieg wieder in seinen Wagen, fuhr ein kurzes Stück im Rückwärtsgang, wendete und entfernte sich – immer noch ohne Licht – in Richtung Schnellstraße.

Ah Lee schaute ihm nach. Er war nicht im geringsten beunruhigt. Soon Fat hatte ihm ja erklärt, warum Bailey ihn für kurze Zeit zurücklassen mußte. Bailey würde die Grenze, wie jeder brave amerikanische Bürger, ganz unschuldig bei einer Grenzstation passieren und Ah Lee am südlichen Ende des Waldes wieder auflesen. Soon Fat hatte ihn angewiesen, dort geduldig auf ihn zu warten und im Schutz der Bäume zu bleiben, bis Bailey mit seinem Kombi aufkreuzte und ihm ein Hupzeichen gab.

Ah Lee hielt sich haargenau an diese Anweisungen. Als er das Ende des Waldes erreicht hatte, blieb er im Schatten der Tannen, lief auf und ab, schwang die Arme und stampfte mit den Füßen, um sich warm zu halten. Die Zeit verging jetzt wie im Fluge. Ah Lee wußte, daß der schlimmste Teil bereits hinter ihm lag.

Als er Baileys Wagen in der Ferne hörte, ging eben die Sonne hinter den Bergen auf. Der Himmel hatte sich feuerrot gefärbt und tauchte die Landschaft in ein fast gespenstisches Licht. Nicht weit von seinem Versteck entfernt, wendete Bailey den Wagen, hielt an und hupte dreimal kurz. Bei diesem Signal hob Ah Lee seinen Koffer auf und trat zwischen den Bäumen hervor.

Nach knapp einer Stunde erreichten sie den Stadtbereich von Burlington. Bailey fuhr über kleinere Straßen an den Busbahnhof heran, ließ Ah Lee aussteigen und deutete auf einen der Busse.

„New York! Kapiert? New York!"

Ah Lee zog die Busfahrkarte, die Soon Fat ihm gegeben hatte, aus der Jackentasche. „New York", sagte er, wobei er sich bemühte, den Namen so auszusprechen wie Bailey.

Bailey grunzte etwas Unverständliches, stellte den Koffer neben Ah Lee auf den Gehsteig, stieg wieder in seinen Wagen und fuhr ohne einen letzten Blick oder ein Lächeln von dannen.

Ah Lee lief hinüber zum Busbahnhof. Er trat in eine öffentliche Telefonzelle gleich neben dem Fahrkartenschalter und wählte eine Nummer.

Eine Frau meldete sich.

„Ist Mr. Lehy da?" fragte Ah Lee.

„Ich verbinde. Augenblick bitte."

Sekunden später ertönte eine tiefe, dröhnende Stimme am anderen Ende der Leitung. „Ja, bitte?"

„Harry?" fragte Ah Lee, obwohl die Frage völlig überflüssig war. Wer einmal Harrys Stimme gehört hatte, konnte sie für immer von allen anderen unterscheiden.

„Ja!" rief Harry. „Wer ist da?"

„Lee."

„Lee wer?"

„Ah Lee Cheung."

„Ach, du bist es, Lee. Du warst so lange fort, daß ich

dich fast schon vergessen habe."

„Dabei war ich nur zwei Monate unterwegs."

„So, so. Und wie ist es dir ergangen, Lee?"

„Könnte kaum besser sein. Obwohl ich einen Heißhunger auf Hamburger und Milchshakes habe. Ich bin den ewigen Reis und Tee satt."

„Ist wohl auch ein bißchen fad auf die Dauer. Kann ich verstehn. Und wo bist du jetzt?"

„Auf dem Busbahnhof vor Burlington. Ich wurde soeben über die kanadische Grenze nach Vermont geschmuggelt. Was sagst du jetzt, Harry?"

„Verdammt! Und wo, um alles in der Welt, hast du die Grenze überquert?"

„Über die Derby-Linie. Da war weit und breit kein Wachposten."

„Ist 'ne verflixte Ecke dort, Lee, mit den unzähligen Schotterstraßen und Feldwegen. Dieser Grenzstreifen ist furchtbar schwer zu überwachen."

„Vielleicht kann ich euch ein paar Tips geben, die euch die Sache in Zukunft erleichtern werden", meinte Ah Lee und lächelte bei sich.

„Das wäre nicht schlecht", erwiderte Harry. „Also, schieß los."

„Fangen wir in Hongkong an. Ein Mann namens Kai San Sung, ein Raritätensammler, gab mir den Namen des kanadischen Kontaktmanns – eines gewissen Soon Fat in Montreal. Er führt dort ein chinesisches Restaurant. Ein ganz gewiefter Bursche. Er hat mir nicht weniger als

1000 Dollar abgeknöpft."

„Muß ja ein reizender Mensch sein", rief Harry mit dröhnender Stimme.

„Ein sanftes Kätzchen, verglichen mit dem Tiger, der mich über die Grenze geschleust hat – ein Amerikaner namens Roger Bailey. Er fährt einen Kombi, Marke Skylark, Baujahr 81, Vermonter Nummernschild 10-233 M. Er ist etwa 1,90 Meter groß, untersetzt, hat graue Augen, dunkles Haar, trinkt Whisky pur, hat eine Schwester, die derzeit im Krankenhaus von Montreal liegt, und zwei Söhne, die ihm helfen, die Ausländer über die Grenze zu schaffen, denen Soon Fat in Montreal vorher das Geld abgenommen hat." Ah Lee hielt inne. „Hast du notiert, Harry?"

„Wie du weißt, habe ich ein phänomenales Gedächtnis. Und außerdem bekomme ich einen schriftlichen Bericht von dir."

„Geht in Ordnung."

„Übrigens – woher weißt du das alles so genau?" fragte Harry. „Hast wohl eine Gehirnwäsche bei diesem Soon Fat vorgenommen. Das ist bei euch Chinesen eine weitverbreitete Technik, wie ich gehört habe."

„Du hast ja eine nette Vorstellung von meinen Landsleuten, aber ich muß dich enttäuschen – es lief ein bißchen anders ab. Ich bin gestern nacht etwas eher als vereinbart zu dem Stelldichein mit Soon Fat und Bailey erschienen. Ich wartete im Dunkeln, bis ich Bailey über die Hintertür in Soon Fats Büro gehen sah. Dann lauschte ich an der Bürotür. Das ist alles, Harry. Aber ich bin ganz scharf darauf, daß diesen Kerlen endlich das Handwerk gelegt wird.“

„Ich tu, was ich kann“, brüllte Harry in die Sprechmuschel. „Aber an diesen Kai San…, oder wie er heißt…, und Soon Fat in Montreal komm ich natürlich nicht ran.“

„Gib Ottawa die Informationen über Soon Fat durch, Harry. Vielleicht kann die Polizei dort etwas unternehmen.“

„Keine schlechte Idee. Aber diesen Roger Bailey knöpfe ich mir selbst vor. Der ist schließlich amerikanischer Staatsbürger.“

„Mach ihm richtig die Hölle heiß, Harry“, sagte Ah Lee. „Der hat’s nicht besser verdient.“

„Gibt’s einen besonderen Grund?“

„Das kann man wohl sagen. Der hat nämlich einen Mord zu verantworten oder zumindest fahrlässige Tötung. Erinnerst du dich an die beiden Chinesen, die letzte Weihnachten erfroren in der Nähe von North Troy aufgefunden wurden?“

„Ich erinnere mich.“

„Dieser Bailey schickte sie über die Grenze, las sie aber auf der anderen Seite nicht wieder auf. Der hat sie einfach erfrieren lassen.“

„So ein Schweinehund!“ Harrys Stimme hatte plötzlich einen harten Unterton. „Hast du rausgekriegt warum?“

„Er erfuhr, daß deine Leute in jener Nacht das Gebiet von North Troy unter die Lupe nehmen würden, Harry.

Und nachdem er die Jungs über die Grenze geschickt hat, ist er seelenruhig nach Hause gefahren und hat sich aufs Ohr gelegt. Zum Teufel mit den Schlitzaugen!"

„Nun, nun, Lee, werd nicht verbittert. Am Ende könnt ich noch denken, du seist ein Rassist." Harry schwieg eine Weile, dann brüllte er los: „Ich muß sagen, du hast hervorragende Arbeit geleistet."

„Da gibt's noch etwas, das mir im Magen liegt."

„Und das wäre?"

„Irgendwo in deinem Büro muß es eine undichte Stelle geben. Ist dir das klar, Harry?"

„Natürlich ist mir das klar", gab Harry brummend zurück. „Hältst du mich vielleicht für einen alten Trottel? Dieser Bailey wußte über unsere Grenzkontrolle in North Troy Bescheid, als deine Chinesen erfroren sind. Er wußte im voraus, daß euch gestern nacht niemand bei der Derby-Line in die Quere kommen würde. Aber laß nur Lee, ich bekomme das schon noch raus. Das heißt, ich bin sicher, ich hab's schon rausgefunden."

„Wirklich?" fragte Ah Lee verdutzt.

„Klar!" brüllte Harry in die Muschel. „Kennst du nicht die blonde Sekretärin, die in unserem Archiv arbeitet? Sie heißt zufälligerweise Mrs. Bailey. Wie findest du das?"

„Ich wünschte, ich hätte deinen Grips", meinte Ah Lee lachend. „Dann könnte ich gemütlich in einem Büro hocken und geheimnisvolle Fälle am Schreibtisch lösen, statt mir auf einem chinesischen Frachter Blasen an den Fingern zu holen."

„Das kann dir gar nicht schaden. Außerdem würdest du's in einem muffigen Büro keine zwei Stunden aushalten."

Ah Lee grinste. „Vielleicht hast du recht, Harry. Doch das Lustige an der Geschichte hab ich dir noch gar nicht erzählt."

„Und was war so lustig?"

„Nun, ich hab in Montreal fünf Nächte in einem chinesischen Puff gewohnt."

Harry brüllte los vor Lachen. „Schämst du dich nicht? Ist das vielleicht ein Nachtquartier für einen Kriminalbeamten der U.S.-Einwanderungsbehörde?"

„Tut mir leid, Herr Oberkriminalinspektor, es soll nicht wieder vorkommen."

Komm, fahr mit mir...

Die Straße lag fast völlig im Dunkeln. Die einzigen Lichter, die meilenweit zu sehen waren, kamen von der Snackbar. Die Neonleuchten flammten auf und erloschen wieder, rhythmisch und fast gespenstisch.

Der einsame Mann, der am Rande des Highway herankam, beobachtete das Auf- und Abflammen der Lichter eine Weile. Trotz der nächtlichen Kälte schritt er nur langsam voran, seine Augen hatten einen trüben und müden Ausdruck. Er trug einen alten Parka, dessen Kapuze zurückgeschlagen war. Seine rechte Hand, die tief in einer Seitentasche steckte, umschloß einen 38er Revolver.

In der Nähe der Bar angekommen, blieb Gannon stehen. Aufmerksam betrachtete er die drei Autos, die unter dem auf- und abblitzenden Neonlicht parkten. Ein Polizeiwagen war nicht dabei. Das beruhigte ihn, und er schritt auf die Bar zu. Mit kalten, feindseligen Augen blickte er durch die Fenster, um die Gäste, die drinnen saßen, zu überprüfen. Sie saßen gedankenverloren dort, wie das üblich ist, wenn Leute abends in einer einsamen Snackbar Rast machen.

Gannon stieg die zwei Treppenstufen hoch und trat ein. Die Gäste schauten einen kurzen Augenblick hoch, dann wandten sie sich wieder ihren gefüllten Tellern zu. Es war ruhig im Raum, nur aus dem Radio klangen leise Volksweisen.

Gannon setzte sich auf einen Hocker am Rande der Theke, möglichst weit weg von den anderen Gästen. Er stützte sich mit den Armen auf und warf einen mißtrauischen Seitenblick auf seine Nachbarn.

Drei Autos standen draußen, drei Männer saßen an der Theke. Sie sahen ziemlich bäurisch, fast ein wenig schäbig aus, in ländlicher Kleidung und mit wetterzerfurchten Gesichtern. Die Autos draußen waren auch nicht gerade schick, aber das konnte man hier auf dem Lande nicht anders erwarten.

Der Wirt hinter der Theke, ein glatzköpfiger Mann mit einem offenen, freundlichen Gesicht, wandte sich an Gannon.

„Ich hab Sie nicht vorfahren hören", sagte er. „Was soll's denn sein?"

„Ein Kaffee."

„Sonst nichts?"

„Nein, danke."

Als der Mann an die Kaffeemaschine gegangen war, senkte Gannon den Kopf und blickte auf seine gefalteten

Hände. Jetzt, da er saß, merkte er erst, wie müde er war. Er war stundenlang gelaufen. Nun aber wollte er sich, koste es, was es wolle, einen Wagen besorgen. Er war es einfach satt zu laufen. Und außerdem mußte er so schnell wie möglich aus dieser Umgebung verschwinden. Das war das allerwichtigste.

Der Wirt kam mit dem Kaffee zurück und stellte ihn vor Gannon auf die Theke.

„Soll ich Ihnen nicht etwas dazu bringen? Vielleicht ein Sandwich."

„Danke, nichts weiter", antwortete Gannon knapp, und der Wirt verschwand.

Die Volksmusik im Radio verstummte, und nun kamen die Nachrichten. Gannon führte die Kaffeetasse an den Mund und richtete seine Augen starr auf den Lautsprecher, so als erwarte er, ganz persönlich angesprochen zu werden. Der Ansager berichtete von einem Verbrechen, das sich am Vormittag zugetragen hatte: Ein Mann hatte einen Raubüberfall auf einen Supermarkt versucht. Ein junger Angestellter, der die Tat verhindern wollte, wurde dabei erschossen. Der Täter, besser gesagt, der Mörder war zu Fuß entkommen. Die Bevölkerung der Umgebung wurde aufgefordert, nach dem Mann Ausschau zu halten. Autofahrer wurden gewarnt, Anhalter mitzunehmen.

Es folgte eine genaue Beschreibung des Täters. Und diese Nachricht wurde nun durch die Nacht gesendet, drang in die Wohnzimmer und Küchen, in die Autos auf den Straßen und auch in diese kleine erleuchtete Bar.

Gannon hörte neugierig, fast kritisch zu. Sein Alter hatten sie fast richtig geschätzt; es stimmte bis auf ein Jahr. Seine Haarfarbe war weniger gut getroffen, aber Größe und Gewicht stimmten beinahe haargenau. Und natürlich wurde der Parka, den er trug, erwähnt.

Gannon stellte seine Tasse auf die Theke und sah sich vorsichtig um. Niemand von den Gästen schien zugehört zu haben. Die drei Köpfe waren noch immer über die Teller gebeugt, und es sah aus, als ob sie im Takt kauten. Der Wirt war damit beschäftigt, seine Bratpfanne zu säubern. Als die Nachrichten beendet waren, wich die Spannung von Gannon. Er schlürfte langsam seinen Kaffee und hielt dabei die warme Tasse in beiden Händen.

Draußen fuhr ein Auto vor, und Gannon horchte auf. Da kam, das hörte er sofort, ein starker, neuer Wagen. Auf so einen hatte er gewartet. Mit dem könnte er jede Straßensperre durchbrechen, die man vielleicht bereits aufgestellt hatte.

Er hörte jemanden aussteigen und die Stufen hinaufeilen. Ein Mann, etwa Mitte Dreißig, hochgewachsen und schick gekleidet, betrat die Snackbar. Wohlgefällig betrachtete Gannon den Mantel des Neuankömmlings. Der würde ihm besser stehen als dieser verdammte Parka, der im Radio so genau beschrieben worden war.

Der Wirt begrüßte den neuen Gast. „Hallo, Lee", sagte er freundlich.

Der Mann gab keine Antwort. Er schien sehr aufgeregt

zu sein und eilte auf die Telefonzelle zu, wobei seine Ledersohlen ein lautes Geräusch auf dem Fliesenboden machten.

Gannon erhob sich, legte eine Münze auf die Theke und verließ ganz ruhig die Bar.

Draußen ging er sofort auf den großen Schlitten zu. Er schaute sich um, aber niemand in dem Lokal schien ihn zu beobachten. Gannon öffnete behutsam die hintere Wagentür, stieg ein, schloß die Tür und verkroch sich tief hinter dem Vordersitz. Seine Hand in der Tasche seines Parkas umklammerte den Revolver.

So wartete er, und die Minuten vergingen. Ob sich der Kerl wohl zum Essen hingesetzt hatte? Nun, er blieb kauernd im Wagen hocken. Er war geduldig. Zeit spielte jetzt keine Rolle. Er wartete.

Nach etwa einer Viertelstunde hörte Gannon Schritte auf dem gepflasterten Parkplatz. Die Fahrertür wurde geöffnet, das Scheinwerferlicht leuchtete auf, erlosch aber, sobald die Tür zugeschlagen war. Mit sanftem Surren sprang der Motor an. Dann aber bog der Wagen mit solchem Schwung in die Kurve, daß Gannon gegen die Hintertür stieß.

Mit beachtlichem Tempo jagte das Auto über die Hauptstraße. Gannon verhielt sich eine Weile ganz ruhig, dann zog er grinsend seinen Revolver aus der Tasche und kam aus seinem Versteck hervor. Der Mann hinter dem Steuer bemerkte ihn gar nicht.

„Hoppla", sagte Gannon plötzlich.

Der Mann erschrak sichtlich und schaute sich zu ihm um.

„Halten Sie gefälligst die Straße im Auge", sagte Gannon. „Das Ding hier in Ihrem Rücken ist ein Revolver."

„Wer zum Teufel sind Sie?" fragte der Mann mit wütender Stimme.

„Ich bin ein Jemand, der sich Ihren Wagen leihen möchte", antwortete Gannon. „Fahren Sie auf die Seite, wenn ich Ihnen Bescheid gebe."

„Aha! Sie sind also der Kerl, von dem eben im Radio gesprochen wurde."

„Stimmt", entgegnete Gannon. „Also tun Sie genau, was ich Ihnen sage. Und versuchen Sie nicht, den Helden zu spielen."

„Wissen Sie, wer eben hier war?" fragte der Wirt seine Gäste. „Das war Lee Carstair."

„Wirklich, war das Lee?"

„Klar", meinte der Wirt. „Na, der scheint ganz schön dick in der Tinte zu stecken."

„Und warum?" fragte einer der Männer.

„Ja haben Sie denn nichts davon gehört? Lee hat Gelder aus dem Geschäft seines Schwiegervaters veruntreut. Letzte Woche wurde er rausgeschmissen, und nun hat ihn auch noch seine Frau verlassen. Der alte Mann will ihn verklagen. Lee hat eben mit ihm telefoniert. Ich hörte, wie er seinen Namen nannte."

„Nach dem Geschrei zu urteilen, war die Antwort, die

Lee hörte, nicht nach seinem Geschmack", sagte der Mann.

Der Wirt lachte. „Das fürchte ich auch. Lees Sorgen möchte ich nicht haben."

„Halten Sie an, Sie Idiot!" schrie Gannon. „Halten Sie an, oder ich bring Sie um."

Lee Carstair lachte hysterisch und trat noch stärker aufs Gaspedal.

„Was haben Sie vor?" brüllte Gannon.

„Sie haben sich den Falschen ausgesucht!" schrie Lee zurück.

Sie erreichten eine lange Kurve, die um einen Felsen herumführte. Carstair nahm die Hände vom Steuer und preßte sie vor seine Augen.

„Oh, Gott!" sagte er mit sanfter Stimme, bevor der Wagen gegen die Felswand prallte.

Eine lange Reise für Jenny

Als Jenny, das Sonntagsblatt unterm Arm, zur Tür hereinkam, stand Rocky am Fenster und starrte auf den schmutzigen Hof hinab, wo ein herumstreunender Hund den müßigen Versuch unternahm, den Deckel einer Mülltonne zu heben. Rocky wartete, bis das Tier sein Unterfangen aufgegeben hatte und sich mit angelegten Ohren und eingekniffenem Schwanz davonschlich. Dann erst schien er Jenny zu bemerken und drehte sich langsam um.

Jenny nahm ihre Sonnenbrille ab und ließ sich mit einem tiefen Seufzer in den Sessel fallen. Ihr volles kastanienbraunes Haar war streng zurückgekämmt, ihr Gesicht war blaß und ungeschminkt. Um ihre Augen lagen dunkle Ringe; sie hatte letzte Nacht in dem winzigen stickigen Appartement so gut wie keine Minute geschlafen. Jetzt fühlte sie sich angespannt und gereizt – der Spaziergang zum Zeitungsstand durch die vor Hitze dampfenden Straßen von New Orleans hatte ihre Laune auch nicht gerade verbessert.

„Wieso hast du so lange gebraucht?" fragte Rocky.

„Draußen ist es heiß wie in einem Backofen, falls du's noch nicht wissen solltest", antwortete sie. „Und ich bin nicht zum Zeitungsstand gejoggt, sondern ganz normal gelaufen. Was dagegen einzuwenden?"

„Du bist wohl mit dem falschen Fuß zuerst aufgestanden heute morgen, wie?"

„Ich bin völlig kaputt, das ist alles. Und das wärst du auch, wenn du so wenig geschlafen hättest wie ich." Sie schaute ihn flehentlich an. „Rocky, wann endlich werden wir dieses Dampfbad verlassen?"

Rocky rieb sich mit der Hand über sein stoppeliges Kinn. Er hatte während der letzten fünf Tage nicht ein einziges Mal das Appartement verlassen, noch hatte er sich in dieser Zeit ein einziges Mal rasiert. Die unregelmäßigen schwarzen Stoppeln gaben seinem Gesicht ein ungepflegtes, fast abstoßendes Aussehen.

„Vielleicht in fünf Tagen, vielleicht in einer Woche", antwortete er. „Hängt davon ab, wie sich die ganze Geschichte entwickelt."

Jenny stöhnte auf. „Wenn wir nicht bald hier rauskommen, drehe ich durch."

„Dachtest du vielleicht, dies wäre ein Vergnügungsurlaub?" Er strich ihr über die Wange und fügte lächelnd hinzu: „Kopf hoch, Kleines!"

Gegen die dunklen Bartstoppeln hoben sich seine Zähne schneeweiß ab. Einen Augenblick schien es, als wollte er sie küssen. Jenny hoffte inständig, er würde es nicht tun. Der Gedanke, daß die schwarzen Borsten ihr Kinn berühren würden, jagte ihr einen Schauer über den Rücken. Rocky war sonst immer sauber rasiert, jetzt aber sah er aus wie ein Clochard.

„Wir feiern ein Riesenfest, wenn wir in Miami sind", hörte sie ihn sagen, „ein Fest, das du niemals vergessen wirst."

„Manchmal frage ich mich, ob wir jemals nach Miami kommen", entgegnete sie. „Im Augenblick scheint mir Miami weiter entfernt als der Mond."

„Wir kommen schon hin. Darüber brauchst du dir deinen süßen Kopf nicht zu zerbrechen." Er rieb sich erneut das Kinn. „Wie findest du mich übrigens mit Bart?"

„Kann ich nicht sagen. Jetzt siehst du auf alle Fälle aus wie ein…"

„Wie ein Clochard, ich weiß. Aber warte nur, bis er lang genug und hübsch ordentlich geschnitten ist. Am besten laß ich mir einen Spitzbart stehen und einen Schnurrbart, der an den Enden hochgezwirbelt ist. Wenn ich dann noch eine Brille auf die Nase klemme und meinen dunkelblauen Anzug anziehe, sehe ich aus wie ein Universitätsprofessor. Niemand wird auf den Gedanken kommen, daß ich ein Gangster bin."

Jenny fiel es schwer, sich vorzustellen, daß irgend jemand ihn, Rocky, mit einem Universitätsprofessor verwechseln könnte, doch sie zog vor, es für sich zu behalten.

„Ich werde diese Bude verlassen, die Aktentasche mit dem Zaster und der Knarre drin unter den Arm klemmen und gemütlich durch die Straßen der Stadt schlendern. Keine Menschenseele, nicht einmal die Bullen, werden mich erkennen. Ich könnt mich schon jetzt biegen vor Lachen, wenn ich nur dran denke."

„Sehr lustig."

„Zieh nicht so 'n langes Gesicht", sagte er und strich ihr erneut über die Wange. Dann nahm er die Zeitung und ließ sich damit auf dem Sofa nieder. Nachdem er die Titelseite überflogen hatte, ging er zu den Comics über. Jenny dagegen kauerte in ihrem Sessel und starrte grübelnd vor sich hin.

Daß Rocky keine große Leuchte war, hatte sie immer schon gewußt, daß er jedoch ein regelrechter Einfaltspinsel und Trottel war, hatte sie erst vor fünf Tagen erkannt. Es war völlig überflüssig gewesen, gleich draufloszuschießen. Sie hatte den gestohlenen Wagen an der Kreuzung geparkt, an einer Stelle, von der aus sie fast alles hatte beobachten können. Den Motor hatte sie laufenlassen. Als Rocky eben die Bank verlassen wollte, war eine der Angestellten in Panik geraten und hatte laut losgeschrien. Statt die Beine unter den Arm zu nehmen und zum Auto zu rennen, war Rocky herumgeschnellt und hatte einen Schuß abgefeuert. Das Tragische an der ganzen Geschichte war, daß der Schuß nicht nur tödlich, sondern die Getroffene obendrein die Nichte eines bedeutenden Politikers war. Und jetzt waren alle Polizisten der Stadt – in Uniform und in Zivil – darauf erpicht, den Mörder zu finden.

Der einzige Trost für Jenny war, daß sie selbst nach Belieben ein- und ausgehen konnte, da sie am Tag des Banküberfalls wie ein Mann gekleidet gewesen war. Sie hatte eines von Rockys Oberhemden und einen von seinen breitkrempigen Hüten getragen, den sie tief ins Gesicht gezogen und unter dem sie ihr Haar verborgen hatte. Man suchte also nach zwei Männern, nicht nach einem Mann und einer Frau.

Sie war noch immer in Gedanken versunken, als Rocky sich zu Wort meldete. Er war inzwischen bei der Klatschspalte angelangt.

„Hör dir das an", sagte er. „Mr. und Mrs. George Devereux waren Gastgeber einer Cocktailparty, die Samstagabend anläßlich des Geburtstages von Mrs. Devereux' Vater, dem bekannten Bankpräsidenten von New Orleans, in der prunkvollen Sommerresidenz in Lake Shore stattfand. Unter den Geladenen befanden sich... Na ja, die überspringe ich. Weiter wird erzählt, daß gegen Mitternacht ein großes Feuerwerk veranstaltet wurde, und..."

„Nein wirklich?" unterbrach ihn Jenny bissig. „Ich wußte gar nicht, daß du dich für solchen Gesellschaftsklatsch interessierst."

„Tu ich auch nicht. Aber ich dachte, dich könnte es vielleicht interessieren." Er faltete die Zeitung und reichte sie ihr hinüber. „Da, schau dir das Foto an."

Sie breitete die Zeitung auf ihren Knien aus und warf einen gleichgültigen Blick auf die aufgeschlagene Seite. Sie fand das Foto ganz unten in der rechten Ecke. Und plötzlich leuchteten ihre Augen erstaunt auf. Das Bild zeigte einen jungen Mann und eine junge Frau, die beide ungeheuren Reichtum ausstrahlten. Es war nicht der Mann, der ihre Aufmerksamkeit auf sich zog, sondern vielmehr die Frau. Sie sah ihr, Jenny, so zum Verwechseln ähnlich, daß sie im ersten Augenblick geglaubt hatte, ein Foto von sich selbst vor sich zu haben.

Rocky schaute sie von der Seite an und verzog seinen Mund zu einem albernen Grinsen. „Ich wußte gar nicht, daß du eine Zwillingsschwester in New Orleans hast", sagte er.

Jenny nahm keine Notiz von seiner Bemerkung. Mit einem Achselzucken legte sie die Zeitung beiseite.

Dann lehnte sie sich zurück, schloß die Augen, und ihre Gedanken schweiften ab zu einer Villa in Lake Shore, und zu dem Ehepaar Devereux. Der Name hatte etwas fast Magisches für sie, und sie dachte an die Frau, die ihr einerseits so nah und dann doch wieder so fern war, die in einer Welt von unvorstellbarem Luxus lebte, die umworben und verwöhnt wurde. Sie versuchte, sich diese Welt bildhaft vorzustellen, und dann öffnete sie die Augen und war wieder in der Wirklichkeit, in dem winzigen schäbigen Appartement – mit Rocky. Was war das für ein Leben, fragte sie sich. Ständig von Stadt zu Stadt ziehen, hier einen Supermarkt, dort eine Tankstelle überfallen, mal das Geld sinnlos verprassen und dann wieder ärmlich dahinvegetieren – bis zum nächsten Überfall.

Sollten sie jemals nach Miami kommen, so war wieder das Pferderennen an der Reihe. Rocky war Spezialist auf diesem Gebiet, hatte immer die heißesten Tips und verlor fast ausnahmslos. Das Geld würde bald verpulvert sein, und alles fing wieder von vorn an: die endlose Tretmühle, die nirgendwohin führte.

Plötzlich erschien es ihr unvorstellbar, daß sie Rocky jemals geliebt oder auch nur geglaubt hatte, ihn zu lieben.

„Wir wär's, wenn du uns beiden ein Bier auftischen würdest?" meinte Rocky.

Jenny stand auf, lief in die Küche, holte eine Dose Bier aus dem Kühlschrank und stellte sie wortlos neben dem Sofa ab.

„Wieso trinkst du nicht mit?" fragte Rocky.

„Du weißt, daß ich mir nichts aus Bier mache."

Sie sah zu, wie er die Dose öffnete und einen kräftigen Schluck nahm. Dann meinte sie: „Rocky, 12 000 Dollar ist 'ne Menge Geld, findest du nicht auch?"

„Nun ja, man kann es nicht gerade als Kleingeld bezeichnen."

„Durch zwei geteilt, macht es 6000 Dollar."

Er warf ihr einen mißtrauischen Blick zu. „Wer sprach denn davon, daß wir es teilen wollen?"

„Ich, Rocky. Ich will hier raus. Ich will meine Hälfte!"

„Dann versuch doch dranzukommen", erwiderte er drohend.

„Ich will die 6000 haben", sagte sie mit ruhiger Stimme. „Es ist mein Geld. Ich habe ein Recht darauf. Ohne mich säßest du längst hinter Gittern, und zwar als Mörder."

„Wie kommst du darauf?"

„Du hättest nichts zu essen, zu trinken und zu rauchen. Gar nichts hättest du. Du müßtest dieses runtergekommene Appartement verlassen, um dir all die Sachen zu kaufen – oder verhungern. Und wenn du dich auf die Straße wagst, kannst du sicher sein, daß sie dich innerhalb von zehn Minuten erwischen und ins Kittchen stecken. Und – für den Fall, daß du an Gedächtnisschwund leidest, erinnere ich dich daran, daß ich es war, die dieses Appartement gemietet hat. Die Hausvermieterin weiß gar nicht, daß du existierst."

„Ich versteh einfach nicht, worüber du dich so aufregst. Ich sagte dir doch schon, daß wir in fünf Tagen oder so hier raus sind. Wir müssen nur warten, bis…"

„Ich denke aber gar nicht daran, noch so lange zu warten. Ich haue ab. Noch heute."

„Du willst mich hier sitzenlassen – ganz einfach so?"

„Ganz einfach so. Ich hab die Nase gestrichen voll, verstehst du?" Sie hielt inne. „Hör zu, Rocky. Die Miete ist bezahlt, eine Woche im voraus. Bevor ich gehe, kaufe ich Vorräte an Essen, Bier, Zigaretten und allem, was du sonst noch brauchst. Genügend für eine Woche. Bis dahin ist dein Bart so weit gewachsen, daß du unerkannt die Stadt verlassen kannst."

„Kommt gar nicht in Frage! Wenn du auch nur einmal versuchst, dich an meiner Aktentasche zu vergreifen, wirst du dein blaues Wunder erleben."

Plötzlich hellten sich seine Züge auf, und ein Lächeln spielte um seine Lippen. Er griff nach Jennys Hand und zog sie zu sich aufs Sofa.

Sie wehrte sich nicht und blieb ganz steif neben ihm sitzen. Rocky legte seine Arme um ihre Schultern.

„Jetzt hör mir mal zu", sagte er mit sanfter Stimme. „Du bist heute ein Nervenbündel. Hast ja auch letzte Nacht kein Auge zugetan. Dieses Loch, in dem wir hausen, ist feucht und stickig. Glaubst du, ich hab kein Verständnis für deine üble Laune? Aber schließlich bin ich noch schlimmer dran als du. Ich hocke den ganzen Tag hier und starre auf die dreckigen Wände. Du kannst wenigstens mal rausgehen und frische Luft schnappen. Wenn ich auch nur den Kopf zum Fenster rausstrecke, sitze ich zehn Minuten später im Kittchen."

Er nahm den Arm von ihrer Schulter, beugte sich vor und schaute ihr in die Augen. „Versuch die Sache mal so zu sehen", fuhr er fort. „In einer Woche sind wir in Miami, liegen am Strand, wohnen in den schicksten Hotels mit 12 000 Dollar in unseren Jeanstaschen. Ja, wir könnten sogar heiraten, wenn du willst. Dann sind wir ein richtiges Ehepaar. Was meinst du?"

Jenny antwortete nicht. Sie sah ein, daß es zwecklos war, ihn von ihrem Standpunkt zu überzeugen. Nun, zumindest hatte sie's versucht. Jetzt blieb ihr nichts anderes übrig, als über andere Mittel und Wege nachzudenken, um ihren Willen durchzusetzen.

„Wie wär's mit einem weiteren Bier? Meine Kehle ist schon wieder völlig trocken. Hol dir auch eins, das wird dir guttun."

Jenny brachte nur eins und reichte es Rocky. Es waren noch zwei Dosen im Kühlschrank, und die würde er bis spätestens Mittag geleert haben. Er konnte von früh bis spät Bier trinken, ohne daß es ihm irgend etwas ausmachte. Ein kleines Glas Whisky dagegen machte ihn fast betrunken. Deshalb ließ er meist die Finger davon.

Am frühen Nachmittag verließ Jenny das Appartement, um neue Biervorräte zu kaufen. Sie kam mit sechs eisgekühlten Dosen zurück – und einer Flasche Whisky. Als Rocky den Whisky sah, zog er die Stirn in Falten.

„Für wen soll denn der sein?"

„Für mich."

„Hast du vor, einen ganzen Liter von dem Zeug runterzukippen?"

„Vielleicht, Rocky. Warum eigentlich nicht?"

Sie verbrachten den Nachmittag so, wie sie die letzten fünf Nachmittage verbracht hatten: mit Rommé-Spielen. Rocky trank sein Bier und Jenny ihren Whisky. Jedesmal, wenn sie in die Küche ging, um sich ein neues Glas einzuschenken, maß sie in etwa ab, was einer Portion entsprach, schüttete das meiste davon ins Spülbecken und mischte den Rest mit Wasser und Eis. Obwohl kaum mehr als ein Teelöffel Whisky im Glas war, sah die Farbe halbwegs glaubwürdig aus; Rocky auf alle Fälle schöpfte keinen Verdacht.

Als er die sechs Dosen leer getrunken hatte, wollte er Jenny losschicken, um neues Bier zu kaufen. Sie aber schaute ihn scheinbar benebelt an und erwiderte mit schwerer Zunge: „Rocky, Liebling, ich werd's kaum die Treppe runter schaffen, und der Weg bis zum nächsten Getränkeladen ist so weit!"

„Du hast wohl schon die ganze Flasche geleert."

„Ich werde mich so betrinken, daß ich die nächsten zwei Tage ohne Unterbrechung schlafe und endlich den ganzen Ärger vergesse."

„Du bist ja schon völlig hinüber."

Sie machte eine linkische Bewegung mit der Hand und verzog den Mund zu einem Grinsen. „Bin ich nicht", entgegnete sie. „Die Pulle ist noch halb voll. Sei ein Schatz, und gieß mir noch ein kleines Schlückchen ein."

Nach zehn Dosen Bier war Rockys Lust auf einen Drink eher größer als kleiner geworden. Da er nicht selbst die Wohnung verlassen und für Nachschub sorgen konnte, mußte er zum Whisky übergehen, da blieb ihm gar keine andere Wahl. Einen Whisky würde er sich genehmigen, beschloß er. Allerhöchstens zwei.

Es war 10 Uhr, als er eingeschlafen war. Die Flasche war leer, und er lag unbeweglich auf dem Sofa. Jenny beugte sich über ihn und schüttelte ihn kräftig. Sein Kopf fiel zur Seite, er brummte etwas Unverständliches, hielt aber die Augen geschlossen.

Sie lief ins Badezimmer, kämmte und schminkte sich, schlüpfte in ein frisch gewaschenes Sommerkleid und warf einen zufriedenen Blick in den Spiegel. Mit 12 000 Dollar in der Tasche würde sie's schon ein Weilchen aushalten, dachte sie, und wer weiß, vielleicht würde sie sich sogar einen reichen Mann angeln. Ja, eines Tages würde vielleicht sogar ein Foto von ihr in der Klatschspalte einer Illustrierten erscheinen. Ein völlig neues Leben lag vor ihr, und sie beschloß, etwas Außergewöhnliches daraus zu machen.

Sie räumte schnell ihre sieben Sachen aus dem Kleiderschrank und packte sie in ihren Koffer. Dann zog sie vorsichtig die Aktentasche unter dem Bett hervor und breitete den Inhalt auf der Bettdecke aus. 400 Dollar steckte sie in ihr Portemonnaie, den Rest verstaute sie in ihrer kleinen Reisetasche. Sie ließ den geöffneten Aktenkoffer und die Pistole auf dem Bett liegen, nahm ihre Schlüssel aus dem Portemonnie und schloß Koffer und Reisetasche ab.

Sie hatte eben die Schlüssel in ihren Geldbeutel gesteckt, als sie ein Geräusch hinter sich hörte. Erschrocken schnellte sie herum. Rocky hatte sich auf einen Ellenbogen gestützt. Seine Augen waren blutunterlaufen, sein Gesicht vor Zorn verzerrt.

„Du widerliches Frauenzimmer!" brüllte er los.

Wie gelähmt stand sie da, während Rocky sich langsam vom Sofa erhob und einen unsicheren Schritt auf sie zu machte.

„Du widerliche kleine Ratte!" Er hatte beide Hände zu Fäusten geballt. „Wolltest mit der ganzen Beute durchbrennen und mich hier in diesem elenden Loch verrecken lassen. Warte nur, du…"

Blitzschnell sprang Jenny vor, griff nach der Pistole, zielte und drückte ab. Die Kugel traf Rocky in die Brust. Ein dicker roter Fleck erschien auf seinem Hemd. Dennoch taumelte er weiter auf sie zu, die Arme nach vorn gestreckt. Sie gab einen zweiten Schuß ab. Er kippte nach hinten zurück. Wenige Sekunden später war er tot.

Obwohl die Pistole mit einem Schalldämpfer versehen war, dröhnten die Schüsse in ihren Ohren. Sie glaubte, die ganze Nachbarschaft müßte sie gehört haben und eilte ans Fenster. Vorsichtig spähte sie hinaus, doch der Hof war leer. Aus einer nahe gelegenen Nachtbar ertönte Klaviergeklimper, im Stockwerk unter ihr plärrte ein Fernseher.

Erleichtert atmete sie auf, ergriff Reisetasche und Koffer, knipste das Licht aus und verließ das Appartement. Behutsam schloß sie die Tür hinter sich zu und trat auf die Straße.

Nach zwei Häuserblocks bog sie rechts ab und mischte sich unter das Gewimmel von Touristen, die sich in einer scheinbar unendlichen Schlange die Bourbon Street hinabbewegten. Sie ließ sich von der Menge treiben, bis sie zu einem Drugstore kam. Dort betrat sie eine Telefonzelle, wählte die Nummer des Flughafens und wollte den frühestmöglichen Flug nach Los Angeles reservieren.

Man erklärte ihr, daß bis zum nächsten Tag alles aus-
gebucht sei. „Ich kann Ihnen einen Platz für morgen früh,
9 Uhr 30 reservieren", sagte der Flughafenangestellte. Da
sie keine andere Wahl hatte, nahm sie den Flug.

Als der Mann nach ihrem Namen fragte, gab sie den
erstbesten an, der ihr gerade in den Sinn kam. Von jetzt
an, so meinte sie, konnte sie jeden Namen tragen, bis auf
ihren eigenen. Doch sobald sie ihn ausgesprochen hatte,
konnte sie ihn nicht mehr zurücknehmen.

Sie verbrachte die Nacht in einem Hotel auf der St.
Charles Avenue und nahm am nächsten Morgen ein Taxi
zum Flughafen. Dort traf sie etwa eine Stunde vor Abflug
ein. Sie trug ein hübsches enges Kostüm, hochhackige
Schuhe und einen kleinen Strohhut. Sie sah ausgesprochen chic aus.

Sie zahlte ihr Ticket, gab ihren Koffer auf und erklärte
dem Schalterbeamten, daß sie ihre Reisetasche im Flugzeug behalten wollte. „Kann ich sie bis zum Abflug hier
deponieren?"

„Aber natürlich."

Er nahm die Tasche und händigte ihr einen Gepäckschein aus, den sie in ihr Portemonnaie steckte.

Was der Schalterbeamte wohl für Augen machen würde, wenn er von dem Inhalt der Reisetasche wüßte, die er
da eben unter dem Schaltertisch verstaute, dachte Jenny.

Während sie sich von dem Schalter entfernte, bemerkte
sie zwei Männer, die ihr interessiert nachschauten. Sie
ging stolz an ihnen vorbei in Richtung Haupteingang,

und ihre hochhackigen Stöckelschuhe klapperten auf den Marmorfliesen. Plötzlich hatte sie das Gefühl, daß die beiden ihr folgten.

Jenseits der Eingangstür blieb sie stehen, blickte sich scheinbar gelangweilt um, wie jemand, der alle Tage mit dem Flugzeug reiste und dem das Fliegen eher lästig war. Wenn man etwas genauer hinschaute, sah man jedoch, daß ihre Gesichtszüge angespannt und ihre Wangen recht bleich geworden waren.

Und dann geschah es. Die beiden Männer bewegten sich auf sie zu, der untersetztere von ihnen sagte: „Polizei!" und zog einen Ausweis aus der Westentasche. Er zeigte ihn so blitzschnell vor, daß Jenny gar nicht erkennen konnte, was darauf stand, und steckte ihn genauso schnell wieder ein. „Bitte folgen Sie uns."

Sie starrte ungläubig in sein aufgedunsenes rotes Gesicht. Tausend Gedanken schwirrten ihr durch den Kopf. Wie war das nur möglich? Wie in aller Welt hatten sie in so kurzer Zeit Rockys Leiche entdecken können? Wie waren sie ihr so schnell auf die Spur gekommen?

„Aber... aber warum denn?" stammelte sie.

„Das werden Sie später erfahren", erwiderte der Dicke mit gewichtiger Stimme. „Bitte kommen Sie jetzt mit."

„Aber mein Flugzeug...", protestierte sie.

„Deswegen brauchen Sie sich keine Sorgen zu machen. Wir werden uns um alles kümmern."

Sie stiegen in einen Wagen, der vor dem Flughafengebäude geparkt war. Jenny saß mit dem untersetzten Mann auf dem Rücksitz. Der andere fuhr. Sie bogen rechts ab auf die Autobahn und jagten stadtauswärts.

Jenny starrte den Dicken ängstlich an. „Wohin fahren wir?"

Er antwortete nicht. Er hatte eine Zigarette angezündet, hielt sie zwischen Daumen und Zeigefinger, wie man eine Zigarre hält, und blies Rauchringe in die Luft.

„Das ist aber doch gar nicht der Weg nach New Orleans", rief Jenny.

„Regen Sie sich nicht auf, und halten Sie den Mund", meinte der Dicke gelassen.

Der Fahrer drehte sich um, warf ihr einen kurzen Blick zu, sagte aber nichts.

Und plötzlich dämmerte es ihr: Die beiden waren gar nicht von der Polizei. „Wer sind Sie?" fragte sie. „Und was wollen Sie?"

„Mrs. Devereux", erwiderte der untersetzte Mann. „Sie sind ein nettes Mädchen und ein verdammt attraktives obendrein. Aber Sie reden zuviel. Warum lehnen Sie sich nicht bequem zurück und genießen die schöne Landschaft. Wir wissen schon, was wir tun. Sie brauchen sich um nichts zu kümmern."

Jetzt begriff sie: Die beiden Fremden, wer immer sie waren, hatten sie mit der wirklichen Mrs. Devereux verwechselt.

Fast hätte sie gelacht. Die ganze Geschichte war unglaublich, ein gar nicht zu beschreibender Zufall. Die echte Mrs. Devereux mußte am selben Morgen, zur selben Stunde einen Flug gebucht haben. Die Männer wußten davon und hatten auf sie gewartet. Warum aber? Und was hatten sie vor? Sie machten einen so finsteren Eindruck. Sicher führten sie nichts Gutes im Schilde. Und dann wurde ihr alles klar: Sie waren Entführer! Und sie wollten sie, Jenny, oder vielmehr Mrs. Devereux, bis zur Zahlung eines Lösegeldes gefangenhalten. Einerseits war es ja komisch, doch auf der anderen Seite war es todernst.

Sie wandte sich an den untersetzten Mann und sagte: „Sie machen da einen großen Fehler. Ich bin gar nicht Mrs. Devereux. Mein Name ist Jenny Wilson. Ich kenne Mrs. Devereux nicht einmal; ich habe nur neulich ein Foto von ihr in der Zeitung gesehen", fuhr sie verzweifelt fort. „Ich sehe ihr tatsächlich ähnlich. Aber ich bin nicht Mrs. Devereux. Wirklich nicht. Ich bin Jenny Wilson. So glauben Sie mir doch!"

Der Mann gähnte und schnippte seinen Zigarettenstummel aus dem geöffneten Fenster. Er schien nicht im geringsten beeindruckt.

Sie waren die ganze Zeit mit Höchstgeschwindigkeit gefahren. Plötzlich nahm der Fahrer den Fuß vom Gaspedal und bog in eine schmale Seitenstraße ein. Diese schlängelte sich durch sumpfiges Land, wo es vor Mükken nur so wimmelte. Nach etwa zwei Kilometern hielt der Wagen an. Jetzt meldete sich der Fahrer das erste Mal zu Wort.

„Endstation", sagte er. „Alles aussteigen!"

Jenny versuchte noch immer, auf den dicken Mann einzureden, ihm klarzumachen, daß er die falsche Frau vor sich hatte, als er sie am Arm packte und aus dem Wagen zerrte. Der Fahrer blieb hinter dem Lenkrad sitzen.

Jetzt wußte sie, daß etwas undenkbar Schreckliches passieren würde. Sie wehrte sich mit aller Kraft, schlug um sich, biß und kratzte. Der Dicke versetzte ihr einen Schlag in den Nacken. Sie taumelte, verlor fast das Gleichgewicht. Durch den Schleier ihrer Tränen sah sie, wie seine Hand in die Westentasche glitt und einen Revolver hervorzog.

Sie waren Profis, geschickt und erfahren in ihrem Geschäft. Eine Kugel reichte. Sie war auf der Stelle tot. Sie stießen die Leiche in den Sumpf, warteten, bis sie ganz darin verschwunden war, und fuhren davon.

Der untersetzte Mann saß jetzt neben dem Fahrer. Er hatte Jennys Portemonnaie geöffnet: von den 400 Dollar waren noch fast 200 übriggeblieben – zusammen mit dem Gepäckschein.

Er steckte das Geld in seine Westentasche und meinte zu dem Fahrer: „So eine kleine Hexe, sie hat mir richtig in die Hand gebissen, Albert."

„Kaum zu glauben", erwiderte Albert. „Eine vornehme und reiche Dame wie sie."

„Sie sind alle gleich, arm oder reich. Im Grunde sind sie alle Hexen."

„Vielleicht ist das der Grund, weshalb er sie loswerden

wollte", meinte Albert nachdenklich. „Vielleicht hat sie ihm die Hölle heiß gemacht."

„Möglich, Albert. Sehr gut möglich."

Er nahm den Gepäckschein aus dem Portemonnaie, zerriß ihn langsam und sorgfältig in unzählige kleine Stücke, nahm sie in seine Faust und streckte den Arm aus dem Fenster. Dann öffnete er die Faust, und der Fahrtwind trug die winzigen Schnipsel wie Konfetti davon.

Letzte Zuflucht

Sie war den ganzen Weg zum Haus ihres Vaters zu Fuß gelaufen – etwa sechs Kilometer quer durch die Stadt –, und jetzt saß sie schon über eine Stunde in ihrem alten Kinderzimmer. Sie wußte, daß es mehr als eine Stunde sein mußte, weil die Uhr in der Eingangshalle fast Viertel vor vier angezeigt hatte, als sie das Haus betrat, und gerade eben hatte die Sirene im Lokomotivschuppen hinter dem Bahnhofsgebäude die neue Fünf-Uhr-Schicht angekündigt.

Beim ersten schrillen Aufheulen der Sirene hatte sie sich aufgerichtet und den Kopf gehoben, so als lauschte sie auf etwas – als hörte sie etwas Neues und Fremdartiges, das nur sie und niemand sonst hören konnte. Doch als der Ton schwächer wurde und schließlich verstummte, senkte sie wieder den Blick und starrte wie vorher auf ihre Hände, die gefaltet auf ihrem Schoß lagen.

Seitdem sie hier saß, hatte sie sich, bis auf den kurzen Moment beim Aufheulen der Sirene, so gut wie gar nicht bewegt. Sie fragte sich, ob sie aufstehen, in die Küche gehen und das Abendbrot für ihren Vater zubereiten sollte. Er würde bald von seiner Arbeit am Rangierbahnhof zurückkehren. Unmöglich! Sie war zu erschöpft von dem langen Weg durch die Stadt – entkräftet und völlig am Ende. Dabei war sie nur gekommen, weil sie nicht wußte, wohin sie sonst hätte gehen sollen.

Wie ein Eindringling war sie in ihr kleines Zimmer gekommen, das sie doch so viele Jahre bewohnt hatte. Aber sie war hier nicht willkommen. Selbst das Zimmer wollte, daß sie ging. Sie spürte die Feindseligkeit in der beklemmenden, stickigen Luft, empfand die nagende Bitterkeit der Verlassenheit, die triste, quälende Dumpfheit des Verlorenseins.

Doch das war natürlich nur Einbildung. Es war Teil des Alptraums, den sie auf dem langen Weg durch die Stadt mit hierhergetragen hatte. Das Zimmer selbst hatte sich nicht verändert. Da stand wie eh und je der Schreibtisch, an dem sie allabendlich gesessen und ihr Tagebuch geschrieben hatte, hoffnungsvolle Träumereien. An den Wänden war noch dieselbe blaßblaue Tapete, etwas verblichener vielleicht, mit einem großen Fleck an der Decke, wo der Regen durch eine undichte Stelle im Dach und im Speicherboden hindurchgesickert war. Und an der Wand, zwischen den beiden Fenstern, hing noch immer der alte Spiegel, der ihr tagtäglich versprochen hatte, daß sie einmal eine schöne Frau sein würde.

Sie verspürte plötzlich den Wunsch, vor den Wänden

111

und dem Spiegel davonzulaufen, doch sie blieb wie versteinert sitzen und starrte auf ihre gefalteten Hände. Sie wollte schreien, doch sie blieb stumm. Sie war geflohen vor ihrer Todesangst und wünschte doch nichts anderes, als zu sterben.

Dann hörte sie die Schritte ihres Vaters draußen auf der Veranda. Sie hörte sie in der Eingangshalle, dann weiter hinten im Haus. Für eine Weile herrschte Stille, und sie blieb auf der Bettkante sitzen, die Hände auf ihrem Schoß gefaltet. Dann stand sie unvermittelt auf, so als gehorche sie einem fremden Befehl, trat aus dem Zimmer und ging in die Küche.

Ihr Vater stand mit dem Rücken zu ihr vor der geöffneten Tür des Kühlschrankes. Als er sie bemerkte, wandte er sich langsam um; in einer Hand hielt er eine Bierflasche, mit der anderen schlug er die Tür zu. Er war ein großer schlanker Mann mit gebeugten Schultern und langem, grauem Haar, das bis zum Kragenrand reichte. Haltung und Gesichtsausdruck waren die eines Mannes, der alle Hoffnungen aufgegeben hatte, der sich nach langen trostlosen Jahren in sein tristes Schicksal gefügt hatte. Er blickte seine Tochter ungläubig, aber ohne jede Freude an.

„Ellen?" fragte er. „Bist du es, Ellen?"

„Du siehst doch, daß ich es bin", erwiderte sie.

Er stellte die Bierflasche auf den Küchentisch und ließ sich auf einem der beiden Stühle nieder. Wortlos öffnete er die Flasche und nahm einen kräftigen Zug. Dann wischte er die Lippen an seinem Ärmel ab.

„Ich war nur überrascht, dich hier zu sehen, das ist alles."

„Ist es so überraschend, wenn eine Tochter ihren Vater besucht?"

„Ich habe deinen Wagen nicht vor dem Eingang gesehen. Wo hast du ihn abgestellt?"

„Ich bin zu Fuß gekommen."

„Den ganzen Weg hierher?"

„Den ganzen Weg."

„Das hättest du nicht tun sollen!" Seine Stimme nahm einen verärgerten, fast streitsüchtigen Tonfall an. „Du weißt genau, daß ich kein Auto habe. Du wirst zu spät nach Hause kommen."

„Da mach dir keine Sorgen. Ich werde nicht nach Hause zurückkehren."

„Du wirst ein Taxi bestellen. Genau das wirst du tun."

„So hör doch! Ich sagte, daß ich nicht nach Hause zurückkehren will."

Er schaute sie eine Weile verständnislos an, schüttelte dann den Kopf und nahm erneut einen Schluck aus der Bierflasche. „Und wohin willst du gehen, wenn ich fragen darf?"

„Das weiß ich nicht. Irgendwohin. Wenn ich nicht hier bleiben kann, gehe ich fort, wohin ist mir ganz gleich."

„Zurückgehen wirst du dorthin, wo du hingehörst."

„Glaubst du das wirklich? Ich nicht!"

„Was ist denn nur los mit dir? Du bist wohl nicht ganz

richtig im Kopf."

„Fang bitte nicht damit an. Das hab ich jetzt schon oft genug gehört."

Ihre letzten Worte waren wohl eine Warnung, denn der Vater nahm plötzlich eine völlig andere Haltung ein. Er lächelte, nickte mit dem Kopf, doch dieses Lächeln war mehr ein Zeichen von List als von Verständnis oder Zuneigung.

„Irgend etwas scheint dich zu bedrücken. Komm, setz dich her, und schütte deinem alten Vater dein Herz aus. Danach wirst du dich gleich besser fühlen. Wirst schon sehen. Möchtest du ein Bier?"

Sie kannte ihn viel zu gut, um nicht zu durchschauen, daß es sich hier um ein reines Täuschungsmanöver handelte. Doch weil sie sich so unendlich müde fühlte und weil es so viel einfacher war, im Sitzen zu sprechen als im Stehen, nahm sie gegenüber ihrem Vater Platz. „Nein danke", sagte sie matt. „Ich mag kein Bier."

„Gut, aber dann erkläre mir, was dir solche Sorgen macht. Du hattest Streit mit Clay, nicht wahr?"

„Clay streitet nicht mit mir. Clay streitet überhaupt mit niemandem. Er ist viel zu kühl und gefaßt. Er hat andere Methoden."

„Clay ist reich. Ein tüchtiger Geschäftsmann. Was er anfaßt, verwandelt er in Gold, sagen meine Kollegen auf dem Rangierbahnhof. Er ist der reichste Mann der Stadt. Du kannst nicht erwarten, daß ein solcher Mann so ist wie die anderen."

„Er haßt mich. Seine Blicke sagen es. Wenn wir allein sind, dann höre ich es an seiner Stimme."

„Zum Teufel! Du bist wohl übergeschnappt. Er hat dich geheiratet, oder vielleicht nicht? Keine zwei Jahre sind es her, da kam er, nahm dich mit und heiratete dich. Warum hat er das denn getan? Weil er dich liebt, ganz einfach! Und jetzt kommst du daher und redest von Haß. Jede andere Frau hätte er haben können, mit seinen Millionen."

„So ist es. Ich habe mich verkauft! Und du, du hast dir eine Menge von dieser Heirat versprochen – weil er so reich ist. Du dachtest nur an das Geld und an sonst gar nichts."

„Du kannst von Glück reden, oder ist das vielleicht kein Glück, mit einem so hübschen Gesicht und einem so schönen Körper geboren zu sein, daß jeder Mann auf der Straße sich nach dir umdreht! Wie viele arme Mädchen aus diesem Viertel haben die Chance, einen reichen und mächtigen Mann wie Clay Moran zu heiraten?"

„Ich beneide sie, all die Mädchen, die keine solche Chance gehabt haben."

„Welch ein Fluch lastet nur auf mir! Das ist mehr, als ein Mann ertragen kann, glaub mir das. Ich habe nie Glück mit meinen Frauen gehabt. All die Jahre, die ich deine Mutter am Halse hatte – und jetzt dich!"

„Laß Mutter aus dem Spiel! Fang nicht wieder davon an!"

„Sie war meine Frau, und ich sage über sie, was mir

paßt. Sie war verrückt – so verrückt, daß ich sie in ein Heim geben mußte."

„Sie war nicht verrückt. Sie hatte einen Nervenzusammenbruch. Kein Wunder, wenn man mit solch einem Mann verheiratet ist!"

„Sie ist im Irrenhaus gestorben. Genau dort wirst du auch sterben, wenn du so weitermachst."

„Das wäre mir lieber, als frühzeitig im Hause von Clay Moran zu sterben."

„Was sagst du da? Ich höre wohl nicht recht. Du mußt wirklich nicht mehr ganz bei Verstand sein!"

„Er will, daß ich sterbe. Er plant, mich umzubringen."

Er starrte sie mit offenem Munde an, als verstünde er ihre Worte nicht. Dann, überwältigt von dem, was sie doch ganz klar und deutlich gesagt hatte, erhob er sich langsam von seinem Stuhl. „Ich wußte es, hab es immer geahnt. Du bist genauso verrückt wie deine Mutter. Weißt du überhaupt, was du da redest?"

„Ich sage es noch einmal, wenn du möchtest: Er will, daß ich sterbe. Er hat seine erste Frau umgebracht, und jetzt plant er, mich umzubringen."

„Seine erste Frau ist ertrunken. Es war ein Unfall. Was für Wahnsinnsideen spuken nur in deinem Kopf herum! Clay Moran ist der mächtigste Mann in unserer Stadt. Der mächtigste und reichste. Was meinst du, wird er tun, wenn er erfährt, daß seine Frau herumläuft und ihn der unglaublichsten Dinge bezichtigt? Ich will nichts mehr davon hören, kein Wort mehr, verstehst du?"

„Ich wußte, daß du mir nicht helfen würdest. Ich hätte niemals hierherkommen sollen."

„Sei vernünftig. Bemüh dich, eine Minute klar zu denken. Hat er jemals einen Versuch gemacht, dich umzubringen?"

„Noch nicht. Du kennst Clay nicht. Bei ihm wäre ein einziger Versuch ausreichend."

„Hat er dich jemals bedroht?"

„Er schaut mich an. Er sagt verschlüsselte und zweideutige Dinge. Es ist nicht seine Art, direkte Drohungen auszusprechen. Er ist gerissen und grausam."

„Das sind Wahnideen. Kannst du das nicht verstehen? Du phantasierst diese Dinge nur."

„Er plant, mich umzubringen, so wie er seine erste Frau umgebracht hat. Weil er mich haßt, so wie er sicherlich auch sie gehaßt hat. Ich glaube, er muß jede Frau hassen, die er heiratet. Das ist eine Art von Schizophrenie."

„Wer von euch beiden ist wohl der Schizophrene! Du kehrst auf der Stelle dorthin zurück, woher du kommst. Du hast nicht das Recht, noch mehr Kummer und Unglück in mein Haus zu bringen."

Er hob seine schmalen Schultern, so als wollte er eine unerträgliche Last von sich abschütteln, und eilte zur Tür hinaus. Sie hörte, wie er zum Telefon lief und eine Nummer wählte. Nach wenigen Sekunden ertönte seine verärgerte und ungeduldige Stimme.

„Ist Mr. Moran zu Hause? Ich möchte ihn sprechen. Es ist dringend."

Sie machte die Tür zu, um nichts mehr zu hören. Dann nahm sie wieder Platz, legte die gefalteten Hände in den Schoß und starrte unbeweglich vor sich hin. Sie hatte ihre letzten Kräfte vergeudet. Die Flucht war sinnlos gewesen, jetzt blieb ihr nichts weiter, als sich ihrem Schicksal zu ergeben.

Und wie sie so dasaß, matt und kraftlos, mußte sie plötzlich an Roger denken. Sie hatte schon lange nicht mehr an ihn gedacht, und trotzdem überkam sie nach all der Zeit ein Gefühl von Reue und Schmerz.

Ruckartig fuhr sie aus dem Schlaf auf und war sofort hellwach. Sie lag angespannt da und lauschte. Sie hörte das leise Surren des winzigen elektrischen Weckers aus Elfenbein, der neben ihr auf dem Nachttisch stand. Sie hörte das entfernte gleichmäßige Tropfen des Wasserhahns im Badezimmer. Sie hörte die hinkenden Schritte der Hausangestellten, die als kleines Mädchen Kinderlähmung gehabt hatte.

Es war etwa acht Uhr. Das erkannte sie am Winkel der Sonnenstrahlen, die durch den Spalt zwischen den Vorhängen in ihr Zimmer fielen. An der Entfernung der einfallenden Strahlen von den Möbeln im Zimmer konnte sie die Zeit ablesen. Nicht ganz genau, nicht mit der Präzision des kleinen Elfenbeinweckers, den sie auf ihrem Nachttischchen surren hörte. Gelegentlich mußte sie ein paar Minuten abziehen oder hinzufügen, doch im ganzen gesehen war es erstaunlich, wie wach ihre Sinne waren –

geschärft durch die ständige Bedrohung, der sie sich ausgesetzt fühlte.

Sie drehte den Kopf zur Seite und schaute zum Bett ihres Ehemanns hinüber, das nur durch einen schmalen Gang von dem ihren getrennt war. Es war leer und unberührt. Clay hatte also letzte Nacht nicht darin geschlafen. Der Anblick des leeren Bettes ließ sie erleichtert aufatmen, obwohl sie schon vorher gewußt hatte, daß er nicht darin lag. Wäre Clay dagewesen, so hätte sie das auch mit geschlossenen Augen gespürt. Sie hätte ihn gleichsam gewittert, ihn und den süßlichen, fauligen, durchdringenden Geruch des Todes.

Er war in dem anderen Zimmer, das hinter dem Bad lag. Ihre überreizten Sinne sagten es ihr. Still und reglos stand er dort, den Kopf leicht geneigt, und beobachtete sie durch die doppelten Wände hindurch, lauerte auf die geringste Bewegung von ihr, auf die leiseste Veränderung ihres ruhelosen Schlafes. Langsam schloß sie die Augen, um vorzutäuschen, sie schlafe noch. Doch es war sinnlos. Er kannte alle ihre Geheimnisse. Er war schon auf dem Weg zu ihr. Sie hörte ihn im Badezimmer. Sie hörte, wie er sich ihrem Bett näherte, sie hörte seine Stimme.

„Guten Morgen, Ellen", sagte er. „Wie fühlst du dich?"

Es war zwecklos, sich schlafend zu stellen. Sie öffnete die Augen und schaute ihn an. Unglaublich, wie er sich zu verstellen wußte. Er sah nicht im geringsten aus wie der Mann, der Satan, der seine erste Frau umgebracht hatte und jetzt plante, auch die zweite zu töten. Er war hochgewachsen, schlank und geschmeidig, seine teuren einwandfreien Kleider schmiegten sich lässig und elegant an seinen Körper. Sein blondes, leicht gewelltes Haar saß wie eine helle Kappe auf seinem runden Kopf. Sein Mund war klein, seine Lippen waren voll, und oft, ganz unvermittelt, umspielte sie ein sonderbares Lächeln. Seine Augen waren himmelblau und trugen den Ausdruck reinster Unschuld, wie die eines Kindes, das im stillen geheimnisvollen Märchen lauscht. Oh, ja, er war ein perfekter Heuchler. Ein perfekter Mörder!

„Ich fühle mich recht gut, danke", sagte sie.

„Ich hoffe, du hast dich von der letzten Nacht erholt."

„Ging es mir nicht gut letzte Nacht? Ich kann mich nicht erinnern."

„Nein? Nun, das macht nichts. Ein guter Schlaf kann manchmal Wunder wirken. Hast du gut geschlafen?"

„Ja, danke."

„Siehst du, das ist der Erfolg der Beruhigungsmittel, die ich dir gegeben habe. Du hast dich anfangs gesträubt und wolltest sie einfach nicht einnehmen. Dabei gibt es heutzutage wirklich bemerkenswerte Medikamente. Ganz erstaunlich, was man alles damit bewirken kann."

Was hatte das wohl zu bedeuten? Warum sagte er gerade dann, wenn man es am wenigsten erwartete, plötzlich so verwirrende Dinge? Warum hatten seine Worte, die doch so unschuldig klangen, oft eine finstere doppelte Bedeutung?

„Ich nehme ungern Medikamente ein", erwiderte sie

ruhig. „Ich fürchte mich vor ihrer Wirkung."

„Sicher muß man vorsichtig sein damit, doch ich finde es töricht, ganz auf sie zu verzichten, wenn sie letzten Endes doch so wohltuend wirken. Natürlich habe ich achtgegeben, daß die Dosis nicht zu hoch war. Könntest du dir etwa vorstellen, daß ich unvorsichtig bin, wenn es um dich geht?"

Da! Da war es wieder!

„Sie machen einen so verletzlich", sagte sie.

„Verletzlich? Unsinn! Was meinst du damit?"

„Wer weiß? Wer kennt schon die Nebenwirkungen?"

Dieses undefinierbare Lächeln spielte wieder um seine Lippen. „Wie dem auch sei – als ich gestern nacht an deinem Bett stand, hast du geschlafen wie ein kleines Baby. Ich hatte Angst, dich aufzuwecken, deshalb zog ich es vor, im Nebenzimmer zu schlafen. Hast du mich denn ein wenig vermißt heute morgen?"

Dort also hatte er gestanden. Dort neben ihrem Bett hatte er gestanden; still und reglos hatte er beobachtet, wie sie schlief, betäubt von Tabletten, die sie nicht hatte einnehmen wollen. Und an seiner Seite hatte der Tod gestanden.

„Dein Bett war unberührt", sagte sie. „Ich sah es, als ich aufwachte."

Er nahm auf der Bettkante Platz, ergriff eine ihrer eiskalten Hände und hielt sie fest in der seinen. „Sag mir, Ellen", fragte er eindringlich, „warum bist du gestern davongelaufen?"

„Ich bin nicht davongelaufen. Ich habe meinen Vater besucht, das ist alles."

„Dein Vater war sehr besorgt um dich. Er sagte, du wolltest nicht nach Hause zurück."

„Mein Vater ist ein törichter Mann. Und er sagt oft törichte Dinge."

„Er machte sich Gedanken um deine Mutter – oder vielmehr um dich, ihre Tochter."

„Was weißt du von meiner Mutter?"

„Ich weiß, daß sie in einer Nervenklinik starb. Das wußte ich, als ich dich heiratete. Schließlich ist das kein Geheimnis."

„Mein Vater war es, der sie krank gemacht hat. Ohne ihn lebte sie heute noch."

„Ist ja gut, Ellen. Alles wird wieder gut. Ich hab mir nur Gedanken gemacht, das ist alles. Wäre es nicht besser, du würdest einen guten Arzt aufsuchen?"

„Einen Psychiater meinst du?"

„Wenn du willst."

„Ich will aber nicht. Nie und nimmer!"

„Ich glaube trotzdem, das wäre das beste für dich. Um die Wahrheit zu sagen, ich mache mir seit einem Jahr selbst große Sorgen um dich. Ich weiß nicht genau warum. Du hast dich irgendwie verändert. Du bist ständig geistesabwesend und verwirrt."

„Ich bin nicht verwirrt." Sie schaute ihm trotzig in die Augen, in seine kindlichen unschuldigen Augen. „Ich sehe sogar alles ziemlich klar."

„Nun, ich will dir nur helfen. Aber das weißt du ja, Liebes." Er beugte sich über sie und drückte ihr sanft einen Kuß auf die Stirn. „Ich muß jetzt ins Büro. Du bleibst wohl am besten im Bett und ruhst dich aus. Soll dir das Hausmädchen das Frühstück aufs Zimmer bringen?"

„Nein, ich mag nicht den ganzen Tag im Bett liegen. Ich gehe nach unten."

„Wie du willst. Ich möchte aber vorschlagen, daß du heute noch im Hause bleibst."

„Ist das ein Befehl?"

Er war aufgestanden, hatte sich schon zum Gehen gewandt. Jetzt drehte er sich um und hob erstaunt die Brauen. „Natürlich nicht. Wie kommst du darauf?"

„Ich dachte, du wolltest mich unter Hausarrest stellen, damit ich nicht wieder fortlaufen kann."

„Fortlaufen? Unsinn. Du bist meine Frau, nicht meine Gefangene. Du kannst gehen, wohin immer du willst und wann immer du willst."

„Danke."

Er trat zur Schlafzimmertür und warf ihr auf der Schwelle einen letzten Blick zu. Blaue unschuldige Augen. Dann plötzlich wieder das merkwürdige Lächeln um seine Mundwinkel. „Du bist meine Frau, Liebes. Vergiß das nicht. Wann immer du Probleme oder Sorgen hast, werden wir sie gemeinsam zu lösen versuchen, du und ich. Es gibt ein Heilmittel für alles, weißt du. Einen Balsam für viele Leiden."

Er schloß behutsam die Tür hinter sich. Doch seine

Worte blieben im Raume stehen.

Ein Balsam für viele Leiden! Hatte sie das nicht schon einmal gehört? Hatte sie es nicht schon irgendwo gelesen? Es bedeutete Tod. Der Tod war der Balsam. Der Tod war das einzige Heilmittel für alle Leiden und Qualen!

Dieser Gedanke wirkte auf sie wie ein Reizmittel. Sie sprang aus dem Bett, wollte zum Badezimmer eilen; auf dem Weg aber, zwischen Bett und Badezimmertür, fiel ihr Blick auf den großen Spiegel an der Wand. Sie hielt unvermittelt inne, drehte langsam, wie in Trance, den Kopf herum und betrachtete ihr Spiegelbild. Dann, magisch angezogen von dem, was sie da sah, bewegte sie sich langsam auf den Spiegel zu und blieb davor stehen. Sie drehte sich zur einen Seite, dann zur anderen, wie ein Mannequin, das sich in Pose stellt. Ihr zarter schlanker Körper schimmerte wie Perlmutter durch das hauchdünne Nachthemd, fast unwirklich, als umgäben ihn bläuliche Nebelschwaden.

O ja, sie war hübsch! Hübsch und unendlich zerbrechlich. Sie empfand Stolz und heftige, fast schmerzhafte Zärtlichkeit für ihren schönen Körper. Sie schlang ihre Arme um ihn, verliebt fast und betört. Nicht vorzustellen, daß der Lauf der Jahre ihn zerstören würde. Noch ungeheuerlicher aber wäre es, wenn jemand hier und jetzt tun wollte, was die Jahre ohnehin später tun würden.

Sie durfte nicht länger in diesem Zauber verharren, überwältigt und betört von ihrem Spiegelbild. Sie mußte handeln. Sie hatte ihre Entscheidung gefällt, wollte tun, was zu tun war, sich mit einem letzten verzweifelten Schritt zu retten versuchen. Es war Zeit zu handeln, jetzt oder nie.

Fast widerwillig riß sie sich von ihrem Spiegelbild los und lief eilig ins Badezimmer.

Sein Name war Collins. Er war ein alter Mann, alt und müde. Mit den Ersparnissen der letzten zwanzig oder dreißig Jahre hatte er ein fünf Morgen großes Grundstück auf dem Lande gekauft. Wenn er nächstes Jahr pensioniert würde, wollte er ein hübsches kleines Häuschen darauf bauen und ganz in Ruhe leben. Die bevorstehende Pensionierung hatte ihn vorsichtig werden lassen; wenn gehandelt werden mußte, so nur äußerst bedächtig und frei von Risiken. Immerhin war er der Chef, und für jeden falschen Schritt würde man ihn zur Rechenschaft ziehen.

Dies war eine ganz besondere Angelegenheit, denn schließlich war sie die Frau von Clay Moran. Die Frau des reichsten und mächtigsten Mannes der Stadt – Besitzer eines Stahlwerks, Direktor der größten Privatbank usw. – mußte natürlich bevorzugt und mit äußerster Höflichkeit behandelt werden. Wäre sie irgend jemand gewesen, so hätte man sie allerhöchstens mit einem Sergeant sprechen lassen.

Der Polizeichef schaute sie verdutzt an, so als zweifelte er, richtig gehört zu haben.

„Entschuldigen Sie, Mrs. Moran", sagte er. „Ich glaube, ich habe Sie nicht richtig verstanden. Könnten Sie bitte wiederholen, was Sie eben gesagt haben?"

„Mein Mann", wiederholte sie ruhig, „plant, mich umzubringen."

Verrückt, dachte er, total verrückt. War ihre Mutter nicht auch so gewesen? Er meinte, sich zu erinnern. Was aber tun, wenn eine verrückte Frau in Ihr Büro tritt und Ihnen eine Bombe vor die Füße wirft? Nun, erstens einmal begreifen Sie sofort, daß die Bombe ein Blindgänger ist. Also bleiben Sie ganz ruhig. Zweitens geben Sie ihrem Willen – scheinbar – nach. Sie spielen ihr Spielchen. Und drittens sichern Sie, nachdem Sie sie losgeworden sind, Ihre Rente, indem Sie sofort dem Ehemann Bescheid geben. Soll der mit der Sache fertig werden!

„Das ist eine ungeheure Beschuldigung, Mrs. Moran", sagte er.

„Es ist die Wahrheit."

„Mir erscheint das Ganze höchst unglaubwürdig, um ehrlich zu sein. Jeder kennt Ihren Mann. Er ist einer der geachtetsten Bürger der ganzen Stadt."

„Ich weiß, wie andere ihn sehen. Ich sage Ihnen jedoch, wie er *ist*."

„Nicht der kleinste Skandal ist über ihn bekannt."

„Er ist sehr geschickt."

„Wir wollen die Sache einmal ganz objektiv und ruhig betrachten."

„Es dürfte wohl nicht leicht sein, ruhig zu bleiben, wenn es um die eigene Ermordung geht."

„Gut, das sehe ich ein. Aber erklären Sie mir doch

zunächst einmal, warum Sie glauben, daß Ihr Mann Sie umbringen will."

„Es ist die Art, wie er mich anschaut. Es sind die Dinge, die er mir sagt, wenn wir allein sind."

„Aber, aber, Mrs. Moran. Das ist doch wohl ein etwas dürftiger Beweis."

„Was wissen Sie denn schon von meinem Mann? Sie kennen ihn doch gar nicht. Er ist gerissen und grausam. Es macht ihm Spaß, mich zu quälen. Er genießt es, mir Angst einzujagen und zu beobachten, wie ich leide."

„Hat er jemals gedroht, Sie zu töten?"

„Er ist viel zu geschickt, um so etwas zu tun."

„Selbst wenn er es getan hätte, müßte das übrigens nicht unbedingt ernst gemeint sein. Schauen Sie, Mrs. Moran, ich bin seit über vierzig Jahren verheiratet. Schwer zu sagen, wie oft ich meiner Frau schon gedroht habe, ihr eins über den Schädel zu geben. Und manchmal habe ich vielleicht wirklich geglaubt, ich wäre dazu in der Lage. Doch ich habe es nicht getan und werde es auch nicht tun."

„Das ist etwas völlig anderes. Schließlich sind nicht Sie mein Mann. Wenn nichts unternommen wird, um mich zu retten, bringt er mich um, das schwöre ich Ihnen."

„Hat er jemals den Versuch unternommen, Sie zu töten?"

„Bei ihm gibt es keine Versuche. Bei ihm gibt es – wenn man ihn nicht daran hindert – nur die vollendete Tat."

„Ich weiß nicht, wie Ihnen die Polizei helfen kann, wenn wir nicht den geringsten Anhaltspunkt haben, daß er Sie tatsächlich töten will."

„Sein erster Versuch, das versichere ich Ihnen, wird gelingen, und jede Hilfe wird zu spät kommen."

„Aber Sie müssen doch einsehen, daß wir nichts unternehmen können, solange eine so schwerwiegende Beschuldigung wie die Ihre durch nichts gestützt wird als durch die fragwürdige Deutung von Worten, Gesten und Blicken. Was wir brauchen, sind handfeste Fakten."

„Ich sehe schon, daß Sie mir nicht helfen wollen."

Die totale Verzweiflung in ihrer Stimme, die hoffnungslose Angst vor einer – seiner Meinung nach – eingebildeten Gefahr versetzte seinem abgestumpften Herzen einen Stich und ließ, wenn auch nur für Sekunden, echtes Mitgefühl in ihm aufkommen. Sie war am Ende, die gute Frau, völlig am Ende. Sie brauchte Hilfe, das stand fest. Aber wohl nicht die Hilfe, die sie von der Polizei erwarten konnte.

„Betrachten wir die Sache mal von einer anderen Seite, Mrs. Moran", sagte er. „Welchen Grund sollte Ihr Mann haben, Sie umzubringen? Sie sind eine ungemein attraktive Frau. Und sicherlich auch eine treue Frau. Wie lange sind Sie und Ihr Mann jetzt verheiratet? Zwei Jahre? Da sind Sie ja fast noch in den Flitterwochen! Für andere Frauen wird er sich also kaum interessieren, das möchte ich doch meinen. Wenn er das bei einer Frau wie Ihnen tun würde, dann müßte er ja töricht sein. Verstehen Sie, was ich meine? Es gibt gar kein Motiv für ihn, Sie umzubringen."

„Er will mich töten, weil er mich haßt."

„Ich bitte Sie, Mrs. Moran. Ganz ehrlich, für mich klingt das alles sehr abwegig."

„Er haßt alle Frauen. Und ganz besonders die Frauen, die er heiratet. Ich kann das nicht erklären. Es ist etwas, das tief in ihm steckt, etwas Krankes, etwas Verrücktes. Sie werden es mir glauben – wenn es zu spät ist. Er wird mich umbringen, so wie er seine erste Frau umgebracht hat."

„Wie bitte? Was sagen Sie da?"

„Seine erste Frau. Er hat sie umgebracht."

„Jetzt hören Sie aber auf, Mrs. Moran! Seine erste Frau ist ertrunken. Es war ein Unfall. Das haben die polizeilichen Untersuchungen ganz eindeutig ergeben. Ihr Mann und seine erste Frau waren draußen auf dem See, westlich der Stadt. Sie waren mit seinem Motorboot rausgefahren, um zu angeln. Ihr Mann ist leidenschaftlicher Angler, wie Sie ja wissen. Die erste Mrs. Moran war das nicht, obwohl sie sich alle erdenkliche Mühe gab, die Begeisterung ihres Ehemannes zu teilen. Es war spät abends und schon ziemlich dunkel. Laut Aussage des Zeugen waren die beiden im Begriff, zum Ufer zurückzufahren. Mrs. Moran trug einen Badeanzug und beschloß, noch einmal zu schwimmen. Sie sprang also ins Wasser. Es war ein besonders heißer Tag gewesen, das Wasser aber an jener Stelle war tiefer und kälter als anderswo. Sie bekam einen

Krampf und ertrank. Sie war recht weit vom Boot entfernt. Ihr Mann versuchte, sie zu retten, doch erreichte er sie nicht rechtzeitig. Sie ertrank, das ist alles. Es war ein Unfall."

„Sind Sie wirklich so sicher?"

„Ich habe ihnen doch gerade erklärt, wie es passiert ist."

„Haben Sie den Unfall beobachtet?"

„Nein."

„Sie haben sich einzig und allein auf die Aussagen meines Mannes verlassen, nicht wahr?"

„Die Polizei hatte nicht den geringsten Grund, daran zu zweifeln."

„Sie hatten gar nicht die Möglichkeit, es zu überprüfen."

„Ihr Mann war völlig am Boden zerstört. Sein Kummer war echt. Jeder, der ihn sah, konnte das bezeugen."

„Clay ist äußerst clever."

„Er hatte keinen *Grund*, sie umzubringen, genausowenig wie er jetzt einen Grund hätte, Sie zu töten. Es gab nicht die geringste Spur von einem Verdacht, daß er sie umgebracht hätte. Alle Überprüfungen – äußere Umstände, mögliche Motivation, Methode – zusammen betrachtet, deuteten einwandfrei auf einen Unfall hin."

„Er hat sie getötet, weil er sie haßte, genauso wie er mich haßt."

Sie stand plötzlich auf, hielt ihre Handtasche mit beiden Händen umklammert. Ihr Gesicht trug den Ausdruck unendlicher Trauer und Verzweiflung. „Sie werden sich an meine Worte erinnern – wenn ich tot bin", sagte sie beinahe tonlos und verließ den Raum.

Sie hatte kaum die Tür hinter sich geschlossen, als Collins zum Telefonhörer griff.

Draußen blieb sie stehen, den Kopf geneigt, niedergedrückt von der unsäglichen Last ihrer Hoffnungslosigkeit. Sie besaß weder die Kraft fortzulaufen noch die List, sich zu verstecken. Doch selbst wenn sie die Kraft und die List besessen hätte – fortlaufen und sich verstecken waren so gut wie unmöglich. Clay war viel zu reich. Sein Einfluß reichte viel zu weit. Wohin immer sie ging, er würde sie finden. Was immer sie tat, er würde sie töten. Niemand würde ihr glauben. Niemand auf der Welt würde ihr helfen.

Und plötzlich fiel ihr wieder Roger ein, Roger, den sie so lange nicht gesehen, an den sie so lange Zeit nicht gedacht hatte...

Sie lauschte auf das Läuten des Telefons am anderen Ende der Leitung. In ihren Ohren klang jeder Ton böse und angriffslustig. Sie zählte mit: eins, zwei, drei, vier, fünf. Nach dem fünften Läuten legte sie langsam den Hörer auf die Gabel und verließ die Telefonzelle des Drugstores, den sie kurz vorher betreten hatte. Vor der Zelle blieb sie stehen und starrte auf ihre Fußspitzen, so als versuchte sie angestrengt, sich an etwas zu erinnern, das ihrem Gedächtnis entfallen war. Sie war jetzt am Gipfel ihrer Verzweiflung angelangt. Roger war nicht zu Hause! Und selbst wenn er zu Hause gewesen wäre, so hätte er nicht den geringsten Grund gehabt, überhaupt mit ihr sprechen, sie treffen oder ihr gar helfen zu wollen. Und selbst wenn er gewillt gewesen wäre, ihr zu helfen, so hätte er wahrscheinlich gar nichts für sie tun können. Es gab nichts, das irgend jemand noch für sie tun könnte. Das war wohl das Ende. Es gab nichts zu tun, und es gab keinen Ort, der Rettung versprach. Nichts und nirgends auf der Welt.

Trotzdem war es notwendig, unbedingt notwendig, irgendwohin zu gehen und irgend etwas zu unternehmen. Schließlich konnte sie nicht stundenlang reglos vor der Telefonzelle eines Drugstores stehenbleiben. Am hinteren Ende des Drugstores war eine Snackbar mit einer Reihe von unbesetzten Barhockern. Dahinter stand ein junges Mädchen mit einer gestärkten weißen Schürze. Fürs erste war die Bar ein Ort, wo sie hingehen konnte, war Kaffetrinken etwas, das sie tun konnte. Langsam ging sie zu der Bar hinüber, nahm auf einem der Hocker Platz und bestellte bei dem Mädchen mit der gestärkten weißen Schürze eine Tasse Kaffee.

Welcher Tag war heute? War es Samstag, oder war es Freitag? Sie dachte einen Augenblick über diese Frage nach, starrte dabei angestrengt in die Tasse Kaffee und kam zu dem Schluß, daß es wohl eher Freitag als Samstag war. Aus irgendeinem Grund, den sie selbst nicht kannte, hatte sie den Eindruck, daß es ungeheuer wichtig war, um welchen von beiden Tagen es sich handelte. Doch warum sollte das so wichtig sein? Und plötzlich fiel es ihr ein – ja, natürlich, wieso war sie nicht gleich darauf gekommen? Sie war unglaublich erleichtert, neue Hoffnung stieg in ihr auf. Sie war so erregt, daß sie an sich halten mußte, um nicht laut aufzulachen.

Freitag war ein Schultag – das war der springende Punkt. Roger war Lehrer, und Lehrer waren an Schultagen in der Schule und nicht zu Hause. Wollte man also mit einem Lehrer telefonieren, so mußte man warten, bis der Unterricht zu Ende und der Lehrer zu Hause war. Oder aber, wenn es sich um etwas Dringendes handelte, konnte man auch im Sekretariat der Schule anrufen und den Lehrer dorthin bestellen lassen. Doch das war etwas, das von der Schulverwaltung nicht gern gesehen wurde. Nun, ihr Anliegen war dringend, äußerst dringend, und trotzdem zögerte sie, Roger während des Unterrichts anzurufen. Da sie ihm schon einmal so unendlich wehgetan hatte, wollte sie jetzt unter allen Umständen vermeiden, ihm irgendwelche Unannehmlichkeiten zu bereiten. Außerdem würde es, wenn sie ihn in der Schule anriefe, äußerst schwierig für sie sein, zu sagen, was gesagt werden mußte, und für ihn wiederum, zu sagen, was sie hören wollte.

Und was wollte sie ihn sagen hören? Was überhaupt erwartete sie von ihm? Sollte er sie vor Clay retten? Ihr eine Zufluchtsstätte vor dem Tod geben? Ganz gleich, was er sagte, auch wenn er gar nichts für sie tun konnte – wesentlich für sie war zunächst einmal, daß er die Wahrheit kannte.

Er mußte ihr glauben, dachte sie. Ach, wenn er ihr nur glaubte!

Sie warf einen Blick auf ihre Uhr; es war fast Mittag. Wann war Schulschluß, um halb vier oder um vier? Sie versuchte, sich an ihre eigene Schulzeit zu erinnern, meinte, daß vier Uhr die richtige Zeit war, doch mit Bestimmtheit wußte sie es nicht zu sagen. Außerdem war es ja auch möglich, daß sich das inzwischen geändert hatte. Ganz gleich, sie würde Roger noch einmal um halb fünf anrufen, dann konnte er frühestens zu Hause sein. In kurzen Zeitabständen würde sie es immer wieder versuchen, bis er endlich antwortete. In ihrem tiefsten Inneren war sie überzeugt, daß er, Roger, die letzte Hoffnung für sie bedeutete.

Aus der Ferne, vom Bahnhofsviertel her, ertönte die schrille Mittagssirene. Es blieben also viereinhalb Stunden, die sie irgendwie totschlagen mußte, und natürlich konnte sie unter keinen Umständen ins Haus von Clay Moran zurückkehren. Vom heutigen Tage an, das stand fest, würde sie niemals mehr dieses Haus betreten können. Noch konnte sie eine Weile an der Bar des Drugstores hocken bleiben. Während sie sich den Kopf zerbrach, wohin sie gehen und was sie tun sollte, bat sie das Mädchen um die Rechnung. Sie wühlte in ihrer Handtasche nach dem Portemonnaie und stieß dabei auf ihr Scheckbuch. Über 1000 Dollar waren noch auf ihrem Konto, stellte sie zu ihrer Befriedigung fest. Also wußte sie, was sie zunächst einmal zu tun hatte, wohin sie sich erst einmal wenden konnte.

Sie ging zur Bank und ließ sich die 1000 Dollar in bar auszahlen. Dann betrat sie ein Restaurant und bestellte ein Mittagessen. Nicht daß sie hungrig gewesen wäre, im Gegenteil, doch wenn sie langsam aß, würde sie eine gute Stunde an ihrem Tisch sitzen bleiben können, ohne irgendwie aufzufallen. Anschließend schlenderte sie die Straße hinunter, sah das unbeleuchtete Neonschild einer Cocktailbar, trat ein und verbrachte eine zweite Stunde über zwei Martinis, von denen sie nur einen austrank. Die Zeit schleppte sich dahin. Jede Minute kam ihr wie eine halbe Ewigkeit vor. Sie verließ die Bar, zögerte, welche Richtung sie einschlagen sollte, und entdeckte dann, einen Häuserblock weiter auf der gegenüberliegenden Straßenseite, ein Kino. Sie kaufte eine Karte und ging hinein.

Der Film interessierte sie nicht im geringsten. Sie hatte weder den Titel gelesen, noch achtete sie darauf, was auf der Leinwand passierte. Sie saß in der allerletzten Reihe, hielt die Augen geschlossen und versuchte, an nichts zu denken. Das war natürlich unmöglich, und so zwang sie sich, wenigstens an die Tage und Jahre vor Clay zu denken, an die Zeit, als sie Roger geliebt und er sie geliebt hatte. Es war eine schöne Zeit gewesen, doch dann war Clay aufgetaucht, Clay, der älter und so viel reicher gewesen war. Er hatte sie gesehen und sie begehrt. Und sie, sie hatte sich verkauft, um Reichtum, Sicherheit und Ansehen zu genießen. Eiskalt und stolz hatte sie Roger fortgejagt. Adieu, Roger! Vergiß mich, wenn du kannst. Man muß eben seinen Vorteil wahrzunehmen wissen.

Als die Vorstellung zu Ende war, schaute sie auf die Uhr. Es war halb fünf. Sie verließ das Kino, lief die Straße entlang bis zur nächsten Telefonzelle. Sie wählte Rogers Nummer, doch niemand hob ab. Im Abstand von zehn Minuten versuchte sie es immer wieder, und beim vierten Anlauf antwortete er schließlich. Seine Stimme, die sie seit über zwei Jahren nicht gehört hatte, kam ihr fremd und zugleich doch so vertraut vor, daß es ihr fast den Atem verschlug. Nur mit Mühe brachte sie die ersten Worte hervor.

„Hallo Roger", sagte sie. Und nach einer kleinen Pause: „Weißt du, wer hier spricht?"

Schweigen am anderen Ende der Leitung. Sie fürchtete einen Augenblick, er würde nicht antworten wollen und einfach auflegen, doch dann ertönte seine Stimme, fragend und teilnahmslos, so als erwarte er eine Antwort, die ihn eigentlich nichts mehr anging.

„Ellen? Bist du es, Ellen?"

„Ich versuche seit Stunden, dich zu erreichen, Roger."

„Ich war in der Schule, bin gerade erst heimgekommen."

„Ich weiß, das heißt, es ist mir später wieder eingefallen. Hör zu, Roger. Ich muß dich wiedersehen. Können wir uns irgendwo treffen?"

„Ich glaube nicht."

„Bitte, Roger, bitte!"

„Nein, besser nicht."

„Also gut. Es ist sinnlos. Niemand wird mir helfen, ich bin erledigt."

„Hast du Ärger oder Kummer?"

„Wenn du mir nicht hilfst, muß ich sterben."

„Aber Ellen, was sagst du da?"

„Nichts. Es ist sinnlos. Adieu, Roger."

„Warte einen Augenblick! Du sagtest, du müßtest sterben. Hab ich das richtig verstanden?"

„Ja."

„Wieso?"

„Das kann ich dir am Telefon nicht erklären. Aber was soll's? Niemand wird mir helfen, auch du nicht."

„Wie könnte ich dir denn helfen?"

„Ich weiß es nicht. Ich weiß nur, daß ich niemanden sonst bitten könnte."

„Aha! Und weil niemand sonst da ist, bittet man eben Roger."

„Tut mir leid. So war es nicht gemeint."

„Schon gut. Wo bist du gerade?"

„In der Stadt. In einer Telefonzelle."

„Hast du einen Wagen dabei?"

„Ja. Er steht im Parkhaus."

„Dann komm hierher. Ich erwarte dich."

„In deine Wohnung?"

„Ja."

„Ich weiß nicht, ob das richtig ist. Vielleicht sollten wir uns besser anderswo treffen."

„Komm, oder laß es bleiben. Ich bin auf alle Fälle zu Hause."

„Du verstehst nicht. Es könnte gefährlich für dich sein."

„Mach dir um mich keine Sorgen."

„In Ordnung. Ich komme. Oh, Roger, es wird mir so guttun, dich wiederzusehen und mit dir zu sprechen."

„Ja", antwortete er. „Es wird dir sicher guttun."

Sie legte den Hörer auf die Gabel. Das erste Mal seit Wochen, ja seit Monaten, hatte sie ein Gefühl von Sicherheit, fast von Geborgenheit. Roger würde ihr glauben, Roger würde ihr helfen. Er würde ihre Zuflucht sein, würde sie beschützen. Es war Zeit, höchste Zeit, daß sie zu ihm ging, ihm alles erklärte. Doch bevor sie ging, lehnte sie sich an das Telefonhäuschen und begann leise zu weinen.

Roger hatte, während er telefonierte, auf seinem Bett gesessen, einen Revolver in der linken Hand. Es war ein alter Revolver, den ihm sein Vater kurz vor seinem Tode geschenkt hatte. Er mochte Waffen nicht, hatte nie in seinem Leben eine benutzt, obwohl er einmal, ein einziges Mal, ein unsägliches Verlangen verspürt hatte, seinen Revolver zu nehmen und abzudrücken. Und manchmal gab es ihm ein Gefühl von Trost, ihn einfach nur in der Hand zu halten. Auch jetzt, nachdem er den Hörer aufgelegt hatte, hielt er ihn fest, ganz fest in seiner Hand.

Es war ein schlechter Tag in der Schule gewesen. Er hatte Schwierigkeiten gehabt, Disziplin in der Klasse herzustellen. Das kam ziemlich häufig vor. Der Direktor hatte ihn schon mehrmals daraufhin angesprochen. Es war äußerst fraglich, ob sein Lehrauftrag nächstes Jahr verlängert würde. Doch das war ihm egal. Es würde nur ein weiterer Fehlschlag in seinem Leben sein. Sein Leben war voll von Fehlschlägen.

Seine Kopfschmerzen machten sich wieder bemerkbar. Im Grunde verging kein Tag, an dem er keine Kopfschmerzen hatte.

Wie ein stählernes Band legte sich der Schmerz um seine Stirn und seine Schläfen, ein stählernes Band, das von fremder Hand enger, immer enger geschnürt wurde.

Ellen würde kommen. Hierher in seine Wohnung würde sie kommen. In wenigen Minuten schon konnte sie vor der Tür stehen. Ellen war das Kostbarste gewesen, das er jemals in seinem Leben besessen hatte. Er hatte sie leidenschaftlich geliebt, doch am Ende hatte sie ihn verlassen. Ein weiterer Fehlschlag für ihn. Nach Ellen war sein Leben leer und qualvoll geworden. Es hatte keinen Sinn mehr für ihn, und er hatte seit dem keine glückliche Stunde mehr verbracht. Es war falsch gewesen von Ellen, ihn krank vor Haß statt vor Liebe zu machen. Und jetzt mußte sie sterben. Das hatte sie selbst gesagt.

Er starrte auf den Revolver in seiner Hand. Es steckte

nur eine Kugel im Zylinder. Eine Kugel für einen Toten.

Er öffnete die Lade seines Nachttischchens – und legte eine zweite Patrone ein.

Die Qual der Wahl

Lennie war ein ruhiger, zurückhaltender Mann. In der Menge fiel er durch nichts auf. Er war durchschnittlich groß, weder dünn noch dick. Auch seine Gesichtszüge hatten nichts Außergewöhnliches; seine Augen waren dunkel, aber nicht zu dunkel, seine Nase war eben eine Nase, sein Mund ein Mund. Sein Haar war mausgrau und glatt. Oft schien er fast ein bißchen schüchtern, einer von vielen und sicher niemand von Bedeutung. Dabei war er ein Juwelendieb, und zwar einer der geschicktesten weit und breit.

Das wußte er auch, aber nur er allein. In seiner jetzt schon zwölfjährigen Karriere hatte er kein spezielles Arbeitsmuster entwickelt. Natürlich gab es Regeln, an die er sich hielt, doch waren diese zu gewöhnlich, als daß sie der Polizei jemals aufgefallen wären, zu simpel, um analysiert zu werden. Er arbeitete stets allein, und er arbeitete sorgfältig. Er paßte seine Operationen dem Hintergrund des alltäglichen Lebens an. Er wagte sich niemals an große, herausragende Coups heran, machte nie Topgeschäfte, doch er kam sehr gut zurecht. Im Laufe eines normalen „Geschäftsjahres" kassierte er durchschnittlich 50000 bis 60000 Dollar ein. Nettoerlös, versteht sich. Er machte keine Steuererklärung, und was das Finanzamt anbetraf, so existierte Lennie Hill gar nicht. Es gab diese Person ganz einfach nicht.

Sein Einsatzgebiet reichte von Seattle bis San Diego, von Miami bis Boston. Er war, wie man so schön sagt, stets auf Achse. Meist blieb er nicht länger als drei Monate in einer Stadt, erledigte drei Jobs und zog dann weiter an den nächsten Ort. Sein einziges echtes Problem war der Verkauf der gestohlenen Juwelen. Da mußte er große Verluste hinnehmen. Gewöhnlich erhielt er nur 50 Prozent des Einkaufspreises. Ware, die er in Boston „erworben" hatte, brachte er zum Beispiel in Chicago an den Mann, nie in derselben Stadt. Er war einer der Umsichtigsten in seiner Branche. Und – er trug nie eine Waffe bei sich. Ja, er hatte sogar Angst vor Waffen. Niemals hatte er bei der Ausübung seiner Arbeit einem Menschen weh getan. Natürlich jammerten die bestohlenen Leute, daß ihnen der Verlust äußerst schmerzlich sei, doch er pflegte davon keine Notiz zu nehmen. Seine Theorie lautete, daß die Reichen es sich leisten konnten, die gestohlenen Juwelen zu ersetzen, und so war seine Gaunerei, in seinen Augen, nicht verwerflich, da sie ja niemandem weh tat.

Lennie hatte ein Ziel im Leben, ein eher bescheidenes

Ziel: Er wollte eine Million Dollar sparen. Mit diesem Geld würde er sich aus dem Geschäft zurückziehen und wie ein Gentleman leben. Er könnte zum Beispiel reisen, die Welt kennenlernen. Vielleicht würde er sich sogar mit einem hübschen Mädchen zusammentun. Im Augenblick war an so was gar nicht zu denken. Genauso wie er Waffen mied, mied er auch Frauen. Eine Frau könnte zuviel über ihn in Erfahrung bringen und dann anfangen zu plaudern. Es gab noch etwas anderes, von dem er sich fernhielt – Alkohol. Schließlich kam es in seinem Beruf auf klares, blitzschnelles Denken an. Leider lag sein Ziel noch in ziemlich weiter Ferne, ein Drittel aber hatte er bereits beisammen: 300 000 Dollar, die auf den verschiedensten Banken und Sparkassen angelegt waren. Und das war doch immerhin schon etwas.

Lennie kam jetzt in eine neue Stadt, und sein erster Job, so hatte er beschlossen, sollte eine seiner altbewährten Lieblingstätigkeiten sein. Diese Art von Arbeit führte er mehrmals im Jahr aus, jeweils an verschiedenen Orten und in unterschiedlicher Aufmachung. Diesmal wollte er sich als Fernmeldetechniker verkleiden. Es war nicht schwer, eine alte Uniform aufzutreiben. Er reinigte und flickte sie selbst. Er wollte gepflegt wirken, aber nicht zu gepflegt, wollte höflich auftreten, aber natürlich nicht übertrieben höflich. Er hatte sich schon ein Appartementhaus ausgesucht, in dem er einen ersten Versuch starten wollte. Es war eines jener schicken und modernen Häuser, in denen nur die reicheren Leute sich leisten konnten zu leben. Er wählte eine Eckwohnung im Obergeschoß und im hinteren Teil des Gebäudes.

Er fand, daß Donnerstag ein günstiger Tag für sein Unternehmen sei. Donnerstage hatten die meisten Bediensteten frei. Er wählte elf Uhr morgens als die geeignetste Stunde. Wenn eine Wohnung um elf Uhr leer war, so blieb sie es meist bis in die späten Nachmittagsstunden. Natürlich brauchte er weniger Zeit, doch er ging lieber auf Nummer Sicher.

Lennie betrat das Appartementhaus durch die unverschlossene Hintertür. Er nahm den Dienstbotenlift und fuhr ins oberste Stockwerk, die 17. Etage. Es war niemand im Korridor. Bisher war er im ganzen Gebäude noch keiner Menschenseele begegnet, doch das war nicht außergewöhnlich. In solchen Häusern hielten sich die Bewohner nicht viel auf den Gängen und Fluren auf. Er lief schnell zu einer der Eckwohnungen, drückte auf den Klingelknopf und wartete.

Eine Frau öffnete die Tür. Sie war etwa um die fünfzig und unglaublich dick. Lennie berührte seine Dienstkappe, lächelte und sagte: „Guten Tag, gnädige Frau. Ich bin von der Telefongesellschaft. Wir sind dabei, einige Leitungen neu zu verlegen. Wären Sie so freundlich, Ihren Telefonhörer abzuheben und zu prüfen, ob Sie das Amtszeichen hören können?"

„Das... Amtszeichen?" fragte die Frau.

„Ja, den summenden Ton, den Sie vor dem Wählen hören. Wir mußten verschiedene Leitungen unterbrechen. Ich soll jetzt kontrollieren, ob auch Ihre Leitung betroffen ist."

„Ach so, der summende Ton", sagte die Frau und verschwand in der Wohnung.

Lennie wartete geduldig auf dem Korridor.

Nach einer Weile erschien die Frau wieder an der Tür. „Ich kann den summenden Ton hören. Das Amtszeichen, meine ich."

„Gut", sagte Lennie. „Dann ist Ihre Leitung nicht unterbrochen. Entschuldigen Sie die Störung."

„Macht nichts", erwiderte die Frau und schloß die Tür. Lennie lief zum anderen Ende des Korridors und versuchte es an der zweiten Eckwohnung. Eine junge hübsche Frau in einem leichten Sommerkleid öffnete. Lennie ging dieselbe Prozedur mit dem Amtszeichen durch. Die Frau versicherte ihm, daß ihr Telefon normal funktioniere.

Lennie ging ins 16. Stockwerk und läutete an einer der vorderen Eckwohnungen. Er ließ es mindestens fünfmal klingeln, doch niemand öffnete. Dann machte er sich so leise und so schnell er konnte an dem Schloß zu schaffen. Lennie war ein Zauberer, was Schlösser anging. Er wußte genau, wie sie von innen aussahen, ganz gleich, welche Marke es war. In weniger als drei Minuten hatte er die Tür geöffnet. Er trat ein. Sein Herz schlug kaum schneller als gewöhnlich. Dies war ein altes Spiel für ihn, und trotzdem machte es ihm Spaß, viel mehr als seine Routinejobs. Außerdem brachte es auch meist eine Menge ein.

Es war eine schicke Wohnung, geschmackvoll möbliert und mit flauschigem Teppichboden ausgelegt. Er hatte schon unzählige solcher Wohnungen betreten, sie waren sich alle sehr ähnlich. Sie flüsterten ihm Worte von Reichtum und Überfluß ins Ohr. Es roch nach Geld und Juwelen, die wahrscheinlich irgendwo in einem Schmuckkästchen im Schlafzimmer lagen – oder in einem Wandsafe, der nicht schwer zu finden war. Ein solcher Wandsafe war immer eine Herausforderung. Nur mit wenigen war er nicht fertig geworden. Ein durchschnittlicher Wandsafe hielt ihn kaum mehr als zehn Minuten auf. Die meisten waren unglaublich leicht zu öffnen.

Lennie ging schnell durch alle Räume. Er durchsuchte das Schlafzimmer, fand ein Schmuckkästchen in einer Schublade und warf einen prüfenden Blick hinein. Nur wenige Stücke waren von Wert. Diese ließ er in seine Westentasche gleiten. Dann machte er sich auf die Suche nach dem Safe. Er war hinter einem Bild verborgen. Lennie lächelte zufrieden. Es war ein gewöhnlicher Wandsafe, sicher vor den neugierigen Händen eines Hausmädchens oder Butlers, nicht aber vor einem Profi wie ihm.

Er bewegte den Drehknopf des Kombinationsschlosses, lauschte und fuhr plötzlich zusammen.

„Versuchen Sie's mit elf, neun, eins – gegen den Uhrzeigersinn", hörte er eine weibliche Stimme sagen.

Er ließ seine Hände sinken und warf einen raschen Blick über seine Schulter. Eine junge Frau stand im

Türrahmen. Sie war schlank, elegant gekleidet und hielt einen Revolver in der Hand. Der Lauf zeigte direkt auf ihn.

Lennie stand schweigend da, wie gelähmt. Gewiß, ein paarmal im Laufe seiner schändlichen Karriere war er ernsthaft in Gefahr gewesen. Aber noch nie in seinem ganzen Leben war ihm so etwas passiert wie jetzt. Noch nie war er genötigt worden, in den Lauf eines Revolvers zu schauen. Die Waffe, die diese Frau in der Hand hielt, war nicht groß, doch es steckte der Tod darin. Er spürte es, ja, fast konnte er es riechen.

„Ich weiß sehr gut mit Pistolen umzugehen", sagte sie ruhig. „Wenn es sein muß, schieße ich Sie nieder. Ich bin sicher, die Polizei wird mir das nicht übelnehmen."

Das wußte Lennie selbst nur zu gut. Er hatte ja bereits begonnen, die Wohnung auszurauben. In seiner Westentasche steckten Juwelen, die ihm nicht gehörten. Außerdem waren Teile seines Werkzeugs darin verstaut. Er war ein Eindringling, auf frischer Tat ertappt. Die Frau konnte ihn auf der Stelle töten, und sie sah nicht so aus, als würde ihr das etwas ausmachen.

„Haben Sie verstanden?" fragte die Frau.

Er nickte stumm.

„Drehen Sie sich jetzt um, ganz langsam. Dann nehmen Sie Ihre Waffe, und werfen Sie sie auf das Bett."

Er wandte sich um, schüttelte aber den Kopf. „Ich habe keine Waffe."

„Sie tragen keine Waffe bei sich?"

„Ich besitze gar keine."

„Aber Sie haben doch sicher schon öfter so Dinge wie hier gedreht?"

Lennie biß sich auf die Lippen. Es war ihm gar nicht recht, ein Geständnis abzulegen, doch in dieser Situation konnte es ihm eigentlich gleich sein. Wenn sie ihn der Polizei auslieferte, würde sowieso alles rauskommen.

„Sie sagten, Sie seien schon öfter in Wohnungen eingebrochen."

„Ja, das bin ich."

„Wie heißen Sie?"

Und wieder zögerte Lennie.

„Ich rate Ihnen, es mir gleich zu sagen", meinte die Frau. „Ich könnte sonst ungemütlich werden."

Er warf einen Blick auf die Tür. Sie bot den einzig möglichen Fluchtweg, doch er wußte, daß er sie nicht lebend erreichen würde. Er könnte versuchen, ihr die Waffe zu entreißen, doch auch das war viel zu riskant. Er spürte schon die eisige Luft der Gefängniszelle.

„Wie ist Ihr Name?"

„Lennie Hill."

Ihr Mund verzog sich zu einem unangenehmen Lächeln. „Mein Name ist Mrs. Bernice Garfield. Ich lebe hier mit meinem Ehemann. Als ich Sie an der Tür hantieren hörte, glaubte ich, daß er es sei. Er fummelt ewig mit seinem Schlüssel herum, vor allem wenn er getrunken hat, und das ist die meiste Zeit der Fall. Ich halte nicht besonders viel von ihm. Machen Sie keinen

Fehler – wenn Sie einen Schritt näher kommen, drücke ich ab. Einfach so." Sie schnippte mit den Fingern ihrer freien Hand.

„Ich werde nicht näher kommen", erwiderte Lennie.

„Gut", meinte Bernice. Sie deutete mit dem Lauf des Revolvers auf den Safe. „Öffnen Sie ihn", befahl sie.

„Was?"

„Sie sollen den Safe öffnen. Ich nannte Ihnen doch bereits die Kombination. Drehen Sie nach links: elf, neun, eins."

„Aber warum…"

„Sie wollten doch eben auch reinschauen, oder? Also los!"

„Jetzt aber nicht mehr. Mir ist die Lust gründlich vergangen."

„Ich will es aber. Los, fangen Sie an!"

Der eiskalte Ausdruck ihrer Augen jagte ihm einen Schauer über den Rücken. Etwas geradezu Teuflisches ging von dieser Frau aus, und obwohl sie klein und zierlich war, schien sie ungeheuer stark und zäh.

„Lennie, öffnen Sie den Safe!" Ihre Worte waren mehr als ein Befehl.

Er wandte sich zum Safe, stellte die Kombination ein und zog langsam die Tür auf. Gleich wird es geschehen, dachte er. Gleich wird sie mir eine Kugel in den Rücken jagen. Nie werde ich lebend diese Wohnung verlassen. Doch es fiel kein Schuß. Er schaute sich nach Bernice um.

„Sehen Sie das Geld?" fragte sie. „Da sind 10000 Dollar

drin. 10000 Dollar in nicht registrierten Scheinen. Eine nette Beute, finden Sie nicht auch?"

„Ich... ich weiß nicht", stammelte Lennie.

„Haben Sie mehr erwartet?"

„Ich... warum rufen Sie nicht die Polizei an?"

Sie schüttelte den Kopf. „Ich will gar nichts von der Polizei. Wenn es sein muß, werde ich sie natürlich benachrichtigen, aber wenn ich das tue, liegen Sie am Boden, und zwar mausetot. Ich möchte es möglichst vermeiden, Sie zu töten – wenn's eben geht."

„Wollen Sie mich etwa laufenlassen?" rief Lennie erstaunt.

„Das kommt auf Sie an. Möchten Sie nicht das Geld im Safe haben? Es ist Ihr's, wenn Sie mir einen Gefallen tun."

Irgendwo mußte ein Haken an der Sache sein, das stand fest, aber wo? „Was soll ich denn für Sie tun?" fragte er unsicher.

„Etwas stehlen."

Sie lächelte, während sie diese Worte aussprach, doch es war ein böses, ironisches Lächeln. Eine Warnung verbarg sich dahinter. Er merkte, wie ihm der Schweiß auf die Stirne trat.

„Etwas stehlen?" murmelte er.

„Das ist doch Ihr Beruf, oder nicht? Ich bitte Sie also um nichts Außergewöhnliches."

Er sah sie fragend an. „Und was soll ich stehlen?"

„Gewisse Papiere. Das ist alles. Sie liegen in einem Wandsafe, der ganz ähnlich ist wie dieser hier. Glauben

150

Sie, daß Sie ihn öffnen können?"

„Gut möglich", erwiderte er. Er versuchte, einen klaren Kopf zu behalten. Was sie von ihm verlangte, sah recht einfach aus. Zu einfach. Irgendwo mußte es einen Gefahrenpunkt geben. Niemals würde sie ihn mit dem Geld laufenlassen. Er hatte das Gefühl, daß keins ihrer Worte der Wahrheit entsprach.

„Wo ist der Safe?" fragte er schließlich.

„Am anderen Ende der Stadt, in einem Appartementhaus wie diesem."

„Wie komme ich da rein?"

„Nun, hier sind Sie ja auch reingekommen."

„Wessen Wohnung ist es?"

„Die meiner Schwiegermutter."

„Ihrer Schwiegermutter? Jetzt verstehe ich gar nichts mehr."

Sie lachte auf. „Sie brauchen auch gar nichts zu verstehen. Sie brauchen sich nur Zugang zu der Wohnung zu verschaffen, den Safe zu öffnen, die besagten Papiere herauszunehmen und mir zu geben. So einfach ist das alles."

„Nichts in dieser Branche ist einfach", erwiderte Lennie, und das meinte er auch.

„Ich glaube nicht, daß wir Schwierigkeiten haben werden", sagte Bernice. „Können wir jetzt gehen?"

„Sie meinen jetzt – auf der Stelle?"

„Warum nicht?"

„Und Sie kommen mit?"

„Natürlich. Aber bevor wir aufbrechen, leeren Sie bitte Ihre Taschen aus. Sie haben Teile von meinem Schmuck gestohlen. Das finde ich nicht sehr nett."

Lennie trat ans Bett. Er leerte den Inhalt seiner Taschen auf der Bettdecke aus, ließ den Schmuck liegen und steckte den Rest wieder ein. Bernice hielt noch immer den Revolver auf ihn gerichtet.

„Gut", sagte sie und nickte. „Jetzt nehmen Sie den Schmuck, legen ihn in den Safe und schließen die Tür wieder zu."

Lennie griff nach dem Schmuck. „Eben sagten Sie noch, ich könnte das Geld in dem Safe haben."

„Später – wenn wir die Sache bei meiner Schwiegermutter erledigt haben", entgegnete Bernice, und ein spöttisches Lächeln spielte um ihre Lippen.

Er legte die Juwelen in den Safe und verriegelte die Tür ordnungsgemäß. Dabei wußte er genau, daß er den Safe niemals wieder öffnen würde. Diese Frau sah nicht so aus, als würde sie auch nur einen halben Dollar verschenken. Wenn tatsächlich 10 000 Dollar in dem Safe lagen, so würde sie sie behalten. Das Geld sollte nur als Köder für ihn dienen.

„Ich zieh mir schnell einen Mantel über, dann gehen wir", sagte Bernice.

„Und der Revolver...", begann Lennie.

„Der kommt in meine Manteltasche."

„Wenn ich Ihnen verspreche..."

Sie schüttelte den Kopf und lachte. „Ich will keine

Versprechungen, ich will Ergebnisse, und ich werde sie bekommen. Wie Sie sehen, habe ich keine Angst vor Waffen. Wenn Sie auf dumme Gedanken kommen soll-ten... Aber das werden Sie nicht, oder Lennie?"

„Lassen Sie den Revolver hier", murmelte er. „Ich tu genau, was Sie sagen."

Die junge Frau hielt sich jedoch nicht an seinen Rat. Gemeinsam verließen sie die Wohnung, und diesmal wünschte Lennie, irgend jemand würde sie zusammen sehen. Sie nahmen den Dienstbotenaufzug zur Tiefgarage und gingen zu ihrem Wagen. Ein Parkwächter erkannte Bernice aus der Ferne und nickte zum Gruß. Sie reichte Lennie den Wagenschlüssel und befahl ihm zu fahren. Er lenkte den Wagen in die angegebene Richtung quer durch die Stadt und parkte, wo sie es verlangte. Dann stiegen sie aus und liefen zwei Häuserblocks zu Fuß. Er war nicht im geringsten überrascht, als Bernice sagte: „Wir nehmen die Hintertür und den Dienstbotenaufzug. Ich will nicht, daß man uns sieht."

„Sie lernen schnell", meinte er mürrisch.

Sie zuckte die Achseln. „Haben Sie etwa daran gezwei-felt?"

Sie nahmen den Aufzug bis zur neunten Etage und hielten vor einer Tür mit der Aufschrift 9-C. Lennie drückte den Klingelknopf, nichts rührte sich. Er läutete noch zwei weitere Male.

„Sie ist nicht zu Hause", flüsterte Bernice. „Ich sagte Ihnen doch bereits, daß sie ausgegangen ist."

„Vorsicht ist das A und O in meiner Branche", erwiderte Lennie und machte sich dann an dem Türschloß zu schaffen. In weniger als zwei Minuten hatte er es geöffnet.

„Hervorragend", sagte Bernice, als sie in die Wohnung traten. „Vielleicht sollte ich Sie fest bei mir anstellen. Es macht geradezu Spaß, mit Ihnen zu arbeiten." Ihre Augen leuchteten vor Erregung.

Er spürte die Spannung, die sie ergriffen hatte. „Wo ist der Safe?" fragte er knapp.

„Im Schlafzimmer. Ich zeige Ihnen, wo."

Er verriegelte die Eingangstür und folgte ihr ins Schlafzimmer. Sie entfernte das Bild, hinter dem der Safe verborgen war. Ihr Atem ging schnell; kleine Schweißperlen traten auf ihre Stirn.

Lennie ging auf den Safe zu, untersuchte ihn kurz und erkannte sofort Marke und Machart. Es war einer der Typen, die besonders leicht zu knacken waren.

Er fragte sich, was wohl passieren würde, nachdem er ihn geöffnet hatte. Eine beängstigende Frage. Wenn Bernice es wollte, konnte sie ihn genau dann töten. Sie würde die Papiere herausnehmen, die sie brauchte, und damit verschwinden. Sein Tod würde der Polizei ein Geheimnis bleiben, doch was half ihm das jetzt?

„Los, beeilen Sie sich, Lennie", befahl Bernice. „Machen Sie endlich den Safe auf."

Er nickte und begann mit seiner Arbeit. In knapp zwei Minuten hatte er die Kombination herausgefunden. Doch er versuchte noch nicht, die Tür zu öffnen. Er zögerte.

„Beeilen Sie sich", flüsterte Bernice.

„Tu ich ja", brummte er. „Hetzen Sie mich doch nicht so." Er drehte sich nach ihr um. „Und was geschieht – wenn ich den Safe geöffnet habe?"

„Nichts. Sie können gehen."

„Einfach so?"

„Einfach so, es sei denn, Sie wollen mit mir nach Hause zurückkommen und sich die 10000 Dollar einstecken. Das ist mein Ernst, Lenni, und ich finde, daß ich sehr großzügig bin."

Er schwieg und dachte angestrengt nach. Vielleicht war es ja wirklich ernst gemeint. Doch wer kannte sich schon mit den Frauen aus, vor allem mit so einer! Dann stellte er die Kombination ein und zog die Tür auf.

„Sie haben's geschafft, Lennie! Sie haben's geschafft!" Sie war offensichtlich ganz aus dem Häuschen. „Und jetzt greifen Sie rein. Schauen Sie, ob Sie einen dicken braunen Umschlag finden, auf dem mein Name vermerkt ist."

Er griff in den Safe, fand besagten Umschlag und reichte ihn ihr.

Ihre Augen glänzten. „Das ist er, Lennie. Dieser Umschlag bedeutet alles für mich. Ich bin so unglaublich froh, daß Sie heute morgen bei mir aufgekreuzt sind. Ich war der Verzweiflung nahe. So, und jetzt müssen Sie noch eines für mich tun."

Lennie schüttelte den Kopf. „Nein. Ich habe getan,

was Sie von mir verlangt haben, und werde jetzt auf der Stelle gehen."

Sie lächelte. Ein Lächeln, das nichts Gutes verhieß. „Nur noch eine Kleinigkeit."

„Nein."

Sie griff in die Manteltasche und zog ihren Revolver hervor. Das Lächeln war von ihren Lippen gewichen, ihre Augen blickten ihn eiskalt an. „Nur noch eins. Es ist ein Muß. Sie haben mir zu gehorchen, ob Sie wollen oder nicht. Setzen Sie sich auf die Bettkante, los, seien Sie vernünftig."

Er starrte auf die Waffe, jeder Muskel seines Körpers war angespannt. Er wollte sich nicht hinsetzen. Und er dachte wieder: Gleich passiert es! Niemals werde ich lebend hier rauskommen. In wenigen Sekunden bin ich ein toter Mann, mausetot.

Bernice deutete erneut auf das Bett. „Nehmen Sie Platz, Lennie. Wir müssen auf Alice warten. Das ist meine Schwiegermutter. Sie ist eine äußerst unangenehme Person. Ich bin sicher, Sie werden sie auch unsympathisch finden."

„Ich habe nicht das geringste Verlangen, sie kennenzulernen", erwiderte Lennie.

„Um so besser. Es soll auch nur eine kurze Bekanntschaft sein. Ich weiß da einen Weg…"

Ein Schauer lief ihm über den Rücken. „Sie wollen sagen…"

„Genau, Lennie." Ihr Tonfall war kühl und bestimmend. „Mir kam diese Idee gleich im ersten Augenblick, als ich Sie sah. Zunächst mußten wir die Papiere finden, und die haben war ja jetzt. Wenn Alice dann in die Wohnung kommt…"

„Ich… ich kann es nicht tun", rief Lennie. „Ich bring so was einfach nicht fertig."

„Ich bin sicher, daß Sie es können. Wir werden sehen. War da nicht ein Geräusch auf dem Korridor?"

Er hielt den Atem an, lauschte und starrte wie gebannt auf die Schlafzimmertür. Seine Hände waren eiskalt und feucht, alle Haare standen ihm einzeln zu Berge.

Die Eingangstüre wurde geöffnet, dann hörte man Schritte auf dem Flur. Wenige Sekunden später trat eine Frau ins Schlafzimmer. Sie war älter als Bernice und auffallend klein. Kerzengerade stand sie da und schien nicht im geringsten erschrocken über den Anblick, der sich ihr da bot. Sie schaute erst Lennie an, dann Bernice.

„Hallo, Alice", sagte Bernice übertrieben freundlich. „Wir warten schon auf dich. „Du erklärtest mir ja heute morgen am Telefon, daß du gegen ein Uhr wieder zu Hause seist. Und jetzt ist es genau ein Uhr."

„Wer ist das?" Alice deutete auf Lennie.

Man könnte ihn einen Safeknacker nennen", antwortete Bernice. „Einen, der sein Handwerk versteht."

„Dann ward ihr also an meinem Safe?"

Bernice winkte mit dem dicken braunen Umschlag. „So ist es. Hier stehen so scheußliche Dinge drin über mich. Du hättest sie deinem Sohn schon seit langem zeigen sollen. Jetzt ist es leider zu spät dazu."

„Aber die Akten können neu aufgenommen werden."

„Wenn du nicht mehr da bist, wohl kaum."

Alice zog die Stirn in Falten. „Du würdest mich umbringen? Ich will dir eins sagen: Ich habe nie viel von dir gehalten, daß du aber so schlecht und durchtrieben bist, hätte ich nicht geglaubt."

„Du hast mich ständig unter Druck gesetzt", erwiderte Bernice. „Du wolltest, daß ich meinen Mann verlasse. Doch warum sollte ich das wohl tun? Wenn er stirbt, werde ich steinreich sein. Darauf freue ich mich seit langem. Du aber könntest alles verderben."

„Du willst also deine eigene Schwiegermutter töten?" fragte Alice.

„Nein. Lennie wird es für mich tun."

Lennie schüttelte energisch den Kopf. Nie im Leben würde er das tun. Sollten die beiden Frauen die Polizei holen, wenn sie wollten. Eine Gefängniszelle war ihm lieber als der elektrische Stuhl. Niemals hatte er erwogen, einen Menschen umzubringen, nicht einmal in seinen entferntesten Träumen.

Jetzt meldete sich wieder Bernice zu Wort; ihre Stimme war schrill und gebieterisch. „Los, Lennie! Sie ist weder groß noch stark. Sie brauchen sie nur aufs Bett zu tragen und ihr ein Kissen auf den Mund zu pressen. Hören Sie, Lennie?"

„Ich... ich kann es nicht."

„Sie müssen es tun."

„Ich kann nicht."

„Dann muß ich euch beide töten. Es wird so aussehen, als hätte Alice Sie beim Safeöffnen überrascht. Hatten Sie sich so das Ende Ihrer Karriere vorgestellt, Lennie?"

Er versuchte, den Kloß in seiner Kehle herunterzuschlucken, und dachte an die Million, die er sparen, die Reisen, die er machen wollte. Er warf Bernice einen schnellen, prüfenden Blick zu. Sie war tatsächlich so eiskalt, wie sie auftrat. Wenn es sein müßte, würde sie genau das tun, was sie angedroht hatte – sie beide erschießen. Dann sah er zu der anderen Frau, Alice, hinüber. Auch sie sah nicht gerade sanft aus. Sie hatte stark hervortretende Backenknochen und tiefliegende Augen. Sie war sicherlich nicht viel angenehmer als ihre Schwiegertochter, doch wenn er die Wahl gehabt hätte, würde er wohl eher ihr vertrauen.

„Lennie, ich warte", fauchte Bernice ihn an.

Er holte tief Luft. „Muß ich wirklich?"

„Ja, Lennie."

Um zu Alice zu gelangen, mußte er – an Bernice vorbei – um das Bett herumgehen. Dicht hinter Bernice blieb er stehen, streckte beide Hände vor und legte sie um ihre Kehle. Sie stieß einen keuchenden Schrei aus und schlug wild um sich. Es war nicht leicht, sie festzuhalten. Sie war zäh und erstaunlich stark. Fast wäre es ihr gelungen, sich zu befreien, aber eben nur fast. Schließlich war sie

159

stumm.

Sie lagen beide am Boden, als Lennie von ihr ließ; sie rührte sich nicht mehr. Ihr Gesicht war blaurot angelaufen und häßlich anzuschauen.

„Sie ist tot", sagte Alice. „Ich kann nicht behaupten, daß ich das bedauerlich finde. Sie lauert seit Jahren darauf, daß mein Sohn stirbt."

Lennie erhob sich langsam. Er war froh über die Wahl, die er getroffen hatte – Bernice statt Alice. Trotzdem war es ein Alptraum. Es würde einige Zeit dauern, bis er das alles verkraftet hatte.

Alice hob den Revolver auf, den Bernice hatte fallen lassen, und untersuchte ihn neugierig.

„Ich mußte tun, was sie sagte", begann Lennie. „Sie zwang mich, ihn Ihre Wohnung einzudringen. Sie drohte, die Polizei zu holen oder mich zu töten. Mir blieb gar keine andere Wahl."

„Ja, ich weiß", erwiderte Alice. „Sie hatten keine Chance. Genausowenig wie jetzt."

Lennie starrte sie mit weit aufgerissenen Augen an. „Ich… ich verstehe nicht, was Sie meinen."

„Irgendwie muß ich doch der Polizei begreiflich machen, wie diese Leiche in meine Wohnung kommt. Der leichteste Weg ist wohl dieser." Sie richtete den Revolver auf Lennie. Sie lächelte nicht. Im Gegenteil, sie war todernst.

„Warten Sie!" rief Lennie. „Warten Sie, ich habe gar nicht…"

„Tut mir leid, aber es muß sein", sagte Alice. Sie drückte ab.

Es war sonderbar, doch als sie den Schuß abgab, sah sie fast so aus wie Bernice.

Die Sumpfratte

Die Nacht war stockfinster, und es regnete ohne Unterlaß. Das einzige Geräusch, das an sein Ohr drang, war das Hecheln der Bluthunde. Kamen sie näher? Entfernten sie sich? Er konnte es nicht erkennen. Er wußte überhaupt nichts mehr, nicht einmal, ob er die Richtung eingeschlagen hatte.

Reiß dich zusammen, Claude, alter Junge, redete er sich ein. Renn so schnell du kannst, aber laß dich nicht durcheinanderbringen. Möglich, daß sie dich erwischen, doch mach's ihnen nicht zu leicht. Lauf ihnen nicht in die Arme.

Denk dran, Claude, alter Junge, hatten ihm die Veteranen im Knast eingebläut: Wenn du's bis zum Sumpf geschafft hast, stehst du schon mit einem Bein in der Freiheit. Und so weit hast du's doch geschafft, Claude, du bist im Sumpf. Die Hunde sind zwar gefährlich nahe, aber im Wasser verlieren sie deine Spur. Die Wärter werden natürlich versuchen, dich am anderen Ende des

Sumpfes zu erwischen, wenn du wieder auf trockenen Boden kommst. Dort können die Hunde deine Spur wieder aufnehmen. Aber wie sollen sie wissen, an welcher Stelle du auftauchst? Der Vorteil ist auf deiner Seite.

Das Hecheln der Hunde kam jetzt näher, bedenklich näher. Es gab schmale, trockene Pfade quer durch den Sumpf. Die Hunde hatten zwar seine Spur im Wasser verloren, doch nun rannten sie wohl über die Pfade und versuchten, die Fährte wiederzufinden. Er war selbst über einige dieser Wege gelaufen, um schneller vorwärts zu kommen. Möglich, daß sie seine Spur entdeckten.

Blitzten da nicht Taschenlampen auf? Nein, nichts, es blieb stockfinster. Er hatte diese Nacht gewählt, weil sie so besonders dunkel war, kein Mond, keine Sterne. So finster war's, daß er über Baumstümpfe stolperte und Baumäste ihm ins Gesicht schlugen. Er ließ sich dadurch nicht beirren und versuchte nur, seine Richtung beizubehalten.

Plötzlich schreckte er zusammen. Da war etwas – zu seiner Linken bewegte sich ein Schatten, noch dunkler als die Finsternis ringsum. Er blieb stehen. Das gurgelnde Geräusch, das seine Füße beim Stapfen durch das kniehohe Wasser verursachten, verstummte. Die Hunde hechelten nicht mehr. Es herrschte Todesstille über dem Sumpf.

Auch der unheimliche Schatten blieb stumm, doch Claude spürte die Gegenwart. Wie eine hohe schwarze Säule... Ein Baum war das nicht, obwohl er sich nicht bewegte. Claude wagte kaum zu atmen, er wartete angespannt. Wenn es nun ein Mensch war, der schwarze Schatten, so würde er sich irgendwann einmal bewegen. Darauf mußte er warten.

Nun aber fingen die Hunde wieder an zu hecheln, ganz nahe. Sicher hatten sie seine Fährte entdeckt, denn sie kamen geradewegs auf ihn zu. Und er durfte sich nicht rühren...

„Na, ausgebrochen?"

Die Frage – obwohl sie nur geflüstert wurde – wirkte auf ihn wie ein Donnerschlag. Er stand da wie gelähmt, wäre am liebsten davongestürzt. Doch das wagte er nicht, denn der Mann, wer immer er war, konnte ja bewaffnet sein. Zu den Wachtposten schien er zwar nicht zu gehören, denn die führten ja Hunde mit sich. Was für scharfe Augen der haben mußte, um in dieser Finsternis jemanden aufzuspüren. Wie konnte Claude je solchen Augen entkommen?

„He, ich hab Sie was gefragt: Sind Sie ausgebrochen?"

Claude sagte noch immer kein Wort.

„Natürlich sind Sie ausgebrochen. Die Hunde sind draußen, und Sie waten nachts durchs Moor. Das macht nur einer, der von dort getürmt ist. Wie heißen sie?"

Die Stimme klang jetzt energisch und forderte eine Antwort. „Claude Wetzel", flüsterte er.

„Und was haben Sie ausgefressen?"

„Bewaffneter Überfall."

„Und wieviel haben Sie dafür gekriegt?"

„Fünfzehn Jahre."

164

„Wenn Sie geschnappt werden, gibt's keine Haftverkürzung, auch nicht bei guter Führung. Hab ich recht?"

Die Stimme klang jetzt fast ein wenig belustigt. Sie mußte einem älteren Mann gehören. Wie alt mochte er sein? Sollte er doch riskieren davonzulaufen? Nein, lieber nicht. Wer weiß, ob der Alte nicht bewaffnet war; außerdem hatte er so scharfe Augen, daß er ihn sicher wiederfinden würde. Die Stimme hatte nicht unfreundlich geklungen. Doch warum sollte dieser Mensch wohl freundlich sein? Jedenfalls hatte er nicht gleich die Wärter herbeigerufen. Es war wohl am besten, auf seine Fragen zu antworten. Es blieb ihm keine andere Wahl.

„Wie alt sind Sie?"

„Neunzehn!"

Schweigen, dann wieder das Hecheln der Hunde, immer näher. Der Mann flüsterte jetzt.

„Da bist du aber ganz schön früh auf die schiefe Bahn geraten. Ein bißchen zu früh, würde ich sagen."

Claude glaubte, eine Spur von Mitgefühl aus seinen Worten zu hören. Vielleicht würde der Alte ihn entkommen lassen und nicht verpfeifen. Vielleicht kannte er sich in der Gegend aus und könnte ihm bei der Flucht helfen.

„Zu jung jedenfalls für diesen schrecklichen Ort!" sprudelte es aus Claude heraus. „Ich konnte es einfach nicht mehr aushalten dort. Sicher, ich hab was falsch gemacht, doch glauben Sie mir, das kommt nicht noch mal vor. Ich will nie mehr ein Gefängnis von innen sehen."

Aus dem Dunkel klang ein gedämpftes Kichern. „So,

so, und wer sagt, daß sie dich nicht erwischen?"

„Ich weiß", flüsterte Claude. „Sie sind schon ganz nah. Werden Sie mich verraten?"

Keine Antwort. Claude versuchte, geduldig zu bleiben, doch das war nicht leicht, denn die Hunde schienen immer näher zu kommen. Plötzlich, ohne Warnung, traf ein greller Lichtstrahl seine Augen. Es war nur eine Taschenlampe, doch sie blendete ihn so sehr, daß er die Augen schloß. Er fluchte und hielt seine Hände vors Gesicht. Etwa zehn Sekunden ruhte der Lichtkegel auf ihm, dann wurde die Taschenlampe ausgeknipst.

„Die da drüben haben das Licht bestimmt gesehen", schimpfte er. „Sie wollen mich also doch verraten."

„Unsinn", erwiderte der andere. „Die konnten gar nichts sehen. Wir sind durch eine dichte Baumgruppe geschützt. Bleib hier. Ich weiß genau, was ich tue. Sie haben uns nicht gesehen, sag ich. Ich wollte dich nur mal anschauen."

„Na schön. Sie haben mich gesehen, und ich hau ab."

„Ich hab gesagt, du sollst hierbleiben. Ich wollte dich anschaun, und ich hab's getan. Das ist noch lange kein Grund für dich abzuhauen."

Claude trat einen Schritt zurück. Er war mißtrauisch, die Gefahr hatte ihn wachsam gemacht. „Was soll das heißen?"

„Ich will dir helfen. Ich weiß ein gutes Versteck für dich."

„Vielen Dank, aber ich muß weiter."

„Dafür ist's zu spät, mein Kleiner. Du müßtest schon viel weiter sein. Jetzt werden sie dir den Weg abschneiden. Sie werden über die trockenen Wege rennen, und du kommst im Wasser nicht schnell genug vorwärts."

„Ich will's aber versuchen."

„Na gut." Die Stimme war fast traurig. „Lauf los, lauf in dein Verderben."

Claude blieb. Was der Mann gesagte hatte, klang aufrichtig, und wahrscheinlich hatte er recht. Es gab viele trockene Pfade durch den Sumpf, und die Wachtposten kannten sie sicherlich gut. Sie würden schneller sein als er und könnten ihn abfangen. Er hatte gehofft, einen größeren Vorsprung zu bekommen. Jetzt brauchte er Hilfe.

„Warum wollen Sie mir eigentlich helfen?" fragte er.

„Weil ich den Ort, von dem du kommst, auch nicht mag. Ich kenne ihn genau. Fünf Jahre hab ich drin gesessen. Die Wachtposten kann ich auch nicht leiden. Ich weiß genau, was für Kerle das sind. Und am meisten hasse ich die verdammten Hunde."

„Aber was hat das mit mir zu tun? Warum wollen Sie mir helfen?"

„Weil du noch so jung bist. Wenn du entwischen kannst, hast du noch 'ne Chance, was aus deinem Leben zu machen. Schnappen sie dich aber, dann wird nie mehr was aus dir. Außerdem find ich dich nett. Ich wollte mal sehen, was für 'n Kerl du bist. Deswegen hab ich die Taschenlampe angemacht. Du gefällst mir. Ich glaube, es lohnt sich, dir zu helfen."

Das war verrückt, dachte Claude, total verrückt. „Bringt Sie das nicht selbst in Schwierigkeiten?" fragte er.

„Ich weiß, was ich tue", sagte der andere. „Ich weiß, wie die Wärter vorgehen. Und den Sumpf hier kenne ich besser als die. Schließlich lebe ich hier. Also los, Kleiner! Wir vergeuden kostbare Zeit. Willst du, oder willst du nicht?"

Claude Wetzel dachte angestrengt nach. Die Hunde schienen jetzt nur noch wenige hundert Meter entfernt. „Einverstanden", sagte er schließlich.

Sein neuer Freund hatte einen genauen Plan. Claude durfte auf keinen Fall weitergehen, durfte keine neuen Fährten für die Hunde hinterlassen. Deshalb mußte er getragen werden.

So stieg also der Retter ins Wasser, hob den Jungen mit Leichtigkeit hoch und warf ihn sich wie einen Mehlsack über die Schulter. Der Mann hatte offenbar Bärenkräfte, und Claude kamen plötzlich Zweifel, ob es wohl klug gewesen war, seine Hilfe anzunehmen. Er war dem Fremden nun völlig ausgeliefert. Vielleicht trug er ihn sogar zurück ins Gefängnis.

Sie kamen zügig vorwärts. Der Mann kannte wirklich jeden Pfad, und trotz der Dunkelheit geriet er nicht ein einziges Mal in den Morast.

Sie schwiegen beide. Noch immer kläfften die Hunde, doch ihr Bellen klang jetzt etwas entfernter.

Schließlich verlangsamte der Mann seinen Schritt. „Geschafft!" murmelte er. Ein paar Holzstufen ging's nach oben, eine Tür wurde geöffnet und gleich wieder geschlossen. Sie waren am Ziel. Der Mann ließ Claude von seinen Schultern gleiten. Er entfernte sich ein paar Meter und zündete ein Streichholz an. Claudes Augen waren so an die Dunkelheit gewöhnt, daß ihn der schwache Lichtschein fast blendete. Sein Blick folgte der kleinen Flamme, mit der jetzt eine Petroleumlampe angezündet wurde. Die Flamme loderte auf, und Claude konnte seine Umgebung erkennen.

Sein Gastgeber war erstaunlich klein, kein Supermann, wie er erwartet hatte. Seine Kleidung war ärmlich: zerschlissenes Hemd, abgetragene Hose, zerdrückter Hut. Sein Gesicht, von einem grauen Halbmondbart eingerahmt, war blaß und zerfurcht. Sein Alter war schwer zu schätzen; er konnte fünfzig, aber auch siebzig sein.

Auch der Raum war nicht gerade elegant, kahle Wände und kahler Fußboden. Die Einrichtung bestand aus alten Kisten. Eine größere diente als Tisch, auf der die Lampe stand, ein paar kleine waren die Sitzgelegenheiten. In einer Ecke stand ein Feldbett mit schmutzigem Laken. Dann gab es noch einen alten Ofen, eine Menge Flaschen und Kanister – lauter Plunder.

„Willkommen in meiner Hütte, Claude“, sagte der Mann. „Sie liegt am äußersten Rand des Sumpfes, falls es dich interessiert. Ich lasse jetzt das Licht brennen. Die Männer werden bald vorbeikommen. Anhalten tun sie auf jeden Fall, aber wenn alles normal ausschaut und die Lampe wie gewöhnlich brennt, werden sie sicher keinen

Verdacht schöpfen. Du brauchst also keine Angst zu haben. Du mußt nur unters Bett kriechen. Laß das Laken an der Seite herunterhängen, damit sie dich nicht sehen, falls sie hereinschauen sollten."

„Ich soll mich unterm Bett verstecken?" rief Claude entsetzt. „Da finden die mich ja sofort!"

„Ich sagte doch, daß sie keinen Verdacht schöpfen werden", erwiderte der alte Mann. „Aber wie du meinst. Wenn du fortlaufen willst, zeig ich dir den Weg. Wirst schon sehen, wohin der führt."

In diesem Augenblick hörten sie, unmittelbar vor der Tür, die Hunde bellen. Mit einem Satz verschwand Claude unter dem Bett, griff nach dem Laken und zog es bis zum Boden herunter. Da lag er nun, zitternd vor Angst und vor Kälte. Warum war er nur auf das Angebot des verrückten Alten eingegangen? Jetzt hörte er, wie die Hunde aufgeregt um die Hütte liefen. Sie haben meine Fährte aufgenommen, dachte er und zitterte von neuem. Am liebsten hätte er seine Angst laut herausgeschrien, sich ergeben und um Gnade gefleht. O Gott, die Hunde wittern mich durch die Wände dieser Bruchbude. Warum hat dieser Idiot mich hierher gebracht? Das ist sicher eine Falle! Wie konnte ich nur so töricht sein? Ich hätte fortlaufen sollen. Dieser verdammte alte Kerl!

Sehen konnte er nichts. Das Laken verbarg ihn vollständig. Nur hören konnte er. Und was er hörte, ließ ihm jedes Haar einzeln zu Berge stehen: erst das Bellen der Hunde dicht vor der Tür, dann das Brüllen und Fluchen der Wachleute, die die Hunde an der Leine hatten. Sie versuchten, die Tiere zu beruhigen.

Aber wo steckte der alte Mann? Was tat er? Gab er den Männern vielleicht gerade zu verstehen, daß er den Ausbrecher in seiner Hütte gefangenhielt? Verriet er ihnen, daß er unter dem Bett versteckt lag?

„He, Alterchen!" rief eine Männerstimme. Das Bellen der Hunde ließ nach. Jetzt war nur noch ihr Jaulen und Schnüffeln zu hören.

„He, Alterchen!"

„Was treibt ihr denn hier mitten in der Nacht", ertönte die Antwort. „Führt ihr die Hunde Gassi?"

„Bei uns ist jemand getürmt. Er ist über die Mauer gestiegen."

„Das ist ja 'n Ding! Ich dachte schon, die Köter würden sich meinetwegen so anstellen. He, Sam, halt mir die schwarze Susan vom Leib, die zerreißt mir meine Hosen. Das sind meine einzigen. Hol sie zurück, Sam, das Biest konnte mich nie gut leiden."

Dann lautes Lachen. „Bei dem Gestank, den du an dir hast, kann die gute Susan kaum was anderes riechen. Wenn du mal ein Bad nehmen würdest, wärst du ihr vielleicht gar nicht mehr so unsympathisch. Aber wahrscheinlich hilft da auch kein Bad mehr. Wer mal im Kittchen saß, wird ein Leben lang nach Gefängnis stinken."

Die Unterhaltung brach ab, und Claude hörte nur noch das wütende Kläffen eines der Hunde.

„Hast du vielleicht jemanden gesehen, Alterchen?" fragte der Wärter.

„Keine Menschenseele. Wie viele sind denn getürmt?"

„Nur einer diesmal."

„Na, ich hab diesen einen nicht gesehen."

„Wirklich nicht?"

„Nein, bestimmt nicht. Ihr solltet mal ein paar neue Schlösser an euren Türen anbringen. Kein Vergnügen für mich, mitten in der Nacht gestört zu werden und mir das Gekläff von euren verdammten Kötern anhören zu müssen."

Im selben Augenblick setzte das ohrenbetäubende Gebell wieder ein. Die Wachleute brüllten die Hunde an, schienen sie fortzuziehen, denn langsam – viel zu langsam für Claude Wetzel – entfernte sich der Lärm.

Noch eine ganze Weile hörte man in der Ferne vereinzeltes Bellen und die Rufe der Wachleute. Wahrscheinlich versuchten sie, die Fährte wieder aufzunehmen. Schließlich, nachdem die Geräusche fast verklungen waren, öffnete sich die Tür.

„Na, Claude, ich glaube, die Luft ist rein."

Claude zog das Laken zur Seite und blinzelte in das Licht der Petroleumlampe. Vorsichtig kroch er aus seinem Versteck hervor. Er konnte kaum glauben, daß er, wenigstens für eine Weile, in Sicherheit war.

„Die Köter werden sicher noch die ganze Nacht durch die Gegend streifen", sagte der alte Mann und setzte sich auf eine der Kisten. „Aber sie kommen wohl nicht hierher zurück. Du könntest dich hinlegen und schlafen. Ich bleibe wach und passe auf."

Claude stand jetzt vor ihm. Er versuchte, seine Gedanken zu ordnen. „Die Kerle wußten, daß Sie mal im Kittchen waren, wie?" fragte er.

Der Alte grinste und entblößte seine Zähne, oder was davon übriggeblieben war. „Na klar", antwortete er. „Und das hat sie so durcheinandergebracht. Ich wußte das genau. Sicher haben die Hunde gewittert, daß jemand in der Hütte war, die schwarze Susan auf alle Fälle. Darum war sie so außer sich. Aber die Burschen glaubten, sie rieche nur mich."

Claude starrte seinen Gastgeber verwirrt an. „Stimmt es, daß jemand, der mal im Kittchen saß, den Knastgeruch nie mehr los wird? Kann der Hund Sie deshalb nicht leiden?"

Wieder grinste der alte Mann. „Weißt du, Hunde sind viel klüger als Menschen. Trotzdem glaube ich nicht, daß ich noch nach Kittchen stinke. Der Geruch vom Sumpf ist jetzt jedenfalls stärker. Meine Gefängniszeit liegt schon weit zurück."

„Aber was hat der Hund dann gegen Sie", fragte Claude noch einmal.

Der Alte zögerte. Es schien, als ob er sich seine Worte jetzt genau überlege. „Ich hab's doch schon gesagt: Hunde sind klug, und diese schwarze Susan ist's ganz besonders. Wahrscheinlich spürt sie, daß ich ihr Feind bin. Schließlich helfe ich dir, bin also ein Gegner. Und

Hunde merken so was."

Jetzt, da er sich in Sicherheit glaubte, konnte Claude wieder klar denken. Ein Verdacht stieg in ihm auf. „Seit wann haßt Sie dieser Hund? Haben Sie schon einmal einem Ausbrecher geholfen?"

Der alte Mann antwortete nicht, aber seine Augen wurden ganz schmal.

„Was haben Sie davon, wenn Sie mir helfen?" bohrte Claude weiter. Er war zwar noch jung, doch er wußte genau, daß kein Mensch ein solches Risiko umsonst auf sich nimmt. „Was muß ich Ihnen dafür geben, Alterchen? So haben die Sie doch genannt. Also, Alterchen, wie hoch ist Ihr Preis?"

Aber der Alte wandte sich ab. „Geh schlafen, Kleiner. Ich glaube, du brauchst morgen ausgeruhte Beine."

Claude aber verließ die Hütte am nächsten Morgen noch nicht. Die Hunde streiften noch immer umher, man konnte ihr Bellen hören.

„Die scheinen anzunehmen, daß du die Straße nicht erreicht hast und dich noch immer im Sumpf versteckt hältst", meinte der Alte.

Claude blieb nur ungern. Solange er in der Hütte war, hatte er das Gefühl, in der Gewalt des Alten zu sein. Und was der mit ihm vorhatte, wußte er nicht. Irgendwie war er ihm nicht geheuer.

Ein komischer Kauz war das. Im Kittchen hatte man sich erzählt, daß irgendwo am Rande des Sumpfes in einer halb verfallenen Hütte ein alter Mann hauste. Aber nie hatte Claude gehört, daß er entwischten Gefangenen helfen würde. So etwas wäre dort sicher bekannt gewesen.

Claude beschloß, keine weiteren Fragen zu stellen. Wozu auch, wenn er keine Antwort bekam? Aber das Frühstück nahm er gerne an. Der Alte bereitete es auf dem Ofen zu, in dem Holz brannte. Die ganze Bude war voll Rauch, aber das Fleisch und die Bohnen, beides aus Büchsen, schmeckten gut. Claude bemerkte, daß eine der Kisten lauter Vorräte enthielt.

Nach dem Frühstück schleppten sich die Stunden dahin. Ab und zu war das Bellen der Hunde zu hören, mal nahe, mal weiter entfernt. Claude beschloß, noch eine Weile zu bleiben.

„Die Köter wittern noch immer deine Spur", erklärte der Alte, „dort, wo du die Pfade entlanggelaufen bist. Sieht so aus, als wärst du ganz schön im Zickzack rumgeirrt."

„Wie lange können sie die Spur denn riechen?" fragte der Junge.

Der Alte zuckte die Achseln. „Wer kennt sich schon mit Bluthunden aus?"

„Und wie lange setzen die Wärter ihre Suche fort?"

„Mit denen kennt man sich noch weniger aus. Die sind wütend, daß ihnen jemand entwischt ist. Wärter und Hunde sind sich da ziemlich ähnlich. Es verletzt ihren Stolz, wenn jemand gewiefter ist als sie."

So blieb Claude den Rest des Tages in der Hütte. Er

wußte, daß die Straße weit entfernt war. Außerdem trug er noch seine Sträflingskleider, und Geld hatte er auch keins. Er mußte versuchen, sich normale Kleider zu beschaffen. Und da die Hunde noch immer nach ihm suchten, blieb ihm nichts übrig, als in der Hütte zu warten.

Dem Alten schien es nichts auszumachen, seine Vorräte mit Claude zu teilen. Die Gegenwart eines Menschen entschädigte ihn offenbar: Dafür nahm er sogar ein Risiko in Kauf.

Geredet wurde nicht viel. Der alte Mann bediente seinen Gast, brachte ihm sein Essen, trug ihm Wasser herbei und betrachtete ihn stumm.

Einmal fragte Claude: „Und was geschieht, wenn die Männer zurückkommen und mich hier finden? Was passiert dann mit Ihnen?"

„Nichts wahrscheinlich."

„Was soll das heißen?"

„Nun, ich würde ihnen sagen, daß du gerade hereingekommen wärst. Ich hätte sie rufen wollen, aber du hättest mich mit einem Messer bedroht."

„Aber ich hab doch gar kein Messer."

Der Alte zog aus einer der Kisten ein Fleischmesser hervor und warf es auf die Eßkiste. „Ich werde ihnen sagen, du hättest mir dieses Ding an die Gurgel gehalten."

Claude starrte eine Weile auf das Messer. Er würde aufpassen, wo der Alte es versteckt hielt. Irgendwann könnte es ihm vielleicht von Nutzen sein – man wußte ja nie.

Am dritten Tag tauchten die Wärter mit den Hunden wieder auf. Sie erschienen kurz vor Sonnenuntergang, als die Nebel sich über den Sumpf legten. Sie kamen so leise, daß weder der Alte noch Claude sie gehört hatten. Sie hätten sogar unbemerkt die Hütte betreten können, wenn nicht die Hunde – das heißt die schwarze Susan – vor der Tür zu bellen begonnen hätte.

Claude lag gerade auf dem Bett. Der Alte hatte darauf bestanden, daß Claude im Bett schlief, und sich selbst auf dem Boden mit Papier und Lumpen ein Lager gemacht. Bei dem plötzlichen Gebell ließ sich Claude blitzschnell auf die Erde fallen, rollte unters Bett und zog das Laken herab. Der Alte war aufgesprungen und erreichte die Tür, bevor jemand eintreten konnte.

Claude hörte, wie der alte Mann seine Besucher anredete. „Na, Sam, ist euch schon wieder jemand entwischt? Ihr seid ja ganz schön unvorsichtig geworden."

Die schwarze Susan knurrte zornig.

„Irrtum", antwortete Sam. „Wir suchen immer noch diesen Claude Wetzel."

„Den von neulich?"

„Genau den. Es wurde in den letzten Tagen kein Wagen in der ganzen Gegend gestohlen, keine Kleidung und auch kein Geld. Also muß er sich noch irgendwo hier versteckt halten."

Claude lief es eiskalt über den Rücken. Zu spät, dachte er. Warum war er hier geblieben? Er hätte irgendwann in der Nacht verschwinden sollen, auch ohne Geld, ohne andere Kleider. Nur fortlaufen, weit fort.

„Das war vor drei oder vier Tagen, stimmt's?" fragte der Alte ganz ruhig, fast belustigt.

„Genau", sagte Sam. „Der Bursche muß mittlerweile einen ganz schönen Hunger haben. Ich dachte, er könnte mal bei dir angeklopft haben, um eine Kleinigkeit zwischen die Zähne zu kriegen."

„Ich hab doch hier kein Gasthaus, Sam. Und halt mir doch bitte den verdammten Köter vom Leib."

Der Wärter lachte. „Jetzt hör mal gut zu, Alterchen. Wenn ich erfahre, daß du einem Ausbrecher geholfen hast, laß ich die Hunde auf dich los, kapiert?"

„Ich hab verstanden, Sam."

Der Suchtrupp zog weiter, die schwarze Susan nur sehr widerwillig. Ihr Bellen klang fast gekränkt und war noch eine ganze Weile zu hören.

Als alles wieder ruhig war, trat der Alte, ein zufriedenes Lächeln auf den Lippen, wieder in die Hütte.

„Die Kerle sind blöd", sagte er. „Die suchen und suchen und behaupten, du müßtest noch hier sein. Sie wollen einfach nicht zugeben, daß du ihnen entwischt bist."

„Aber ich bin doch gar nicht entwischt", erwiderte Claude. „Ich hab noch einen weiten Weg vor mir. Und ich brauche andere Kleider und Geld."

„Ist das denn so eilig, Claude?" Der Alte setzte sich auf eine der Kisten und sah den Jungen freundlich, fast schüchtern, an. „Du kannst hierbleiben, solange du willst."

Claude wurde ärgerlich. „Ich bin doch nicht aus dem Knast geflohen, um den Rest meines Lebens hier im Sumpf zu verbringen. Hier ist es fast genauso mies."

Der alte Mann blickte gekränkt auf. „Aber du sagtest doch selbst, daß du kein Geld hast."

„Ich werd mir's schon besorgen."

„Vielleicht kann ich dir dabei helfen."

„Wie denn?"

„Laß mir etwas Zeit; mir fällt schon was ein. Ich besorg dir bestimmt Kleider." Dann zögerte er und rieb sein stoppeliges Kinn. „Vielleicht kann ich auch etwas Geld auftreiben."

„Und wie?" fragte Claude aufgeregt.

„Laß das nur meine Sorge sein. Jedenfalls mußt du einsehen, daß du mich brauchst. Ich bring schon alles in Ordnung, wenn die Zeit gekommen ist. Ohne mich findest du den Weg zur Straße nicht. Die Wärter drehen auch ihre Runden, wenn gerade kein Häftling entflohen ist. Die Hunde brauchen Bewegung und werden täglich mehrmals ausgeführt. Außerdem vergiß nicht: Die suchen noch immer nach dir."

Claude blieb nichts übrig, als weiter abzuwarten. Er wußte, daß der alte Mann recht hatte. Es wäre töricht, alles aufs Spiel zu setzen, wo er doch fast am Ziel war.

Aber es gab auch noch einen anderen Grund für ihn zu bleiben. Hatte der Alte nicht gesagt, er könne vielleicht etwas Geld für ihn auftreiben? Wie besorgte er all die

Vorräte an Getränken und Essen? Er hatte doch gar keinen Job, der ihm Geld einbrachte. Also mußte er Geldreserven haben, vielleicht sogar aus früheren Verbrechen. So was kam doch vor, nicht wahr?

Nach etwa zwei Wochen glaubte Claude zu wissen, daß der Alte sein Geld nur irgendwo in der Hütte versteckt halten konnte. Während dieser Zeit war er dreimal fort gewesen, und jedesmal hatte er einen Jutesack mitgenommen. Er wählte einen Zeitpunkt, sagte er, wo er sicher sein konnte, daß die Wärter mit ihren Hunden nicht in der Nähe waren. Und er versprach, nicht lange fortzubleiben.

Die Abwesenheit des Alten wäre für Claude eine günstige Gelegenheit zur Flucht gewesen. Aber er hatte ja weder Geld noch andere Kleider, und ohne sie wäre es viel zu riskant zu fliehen. So wartete er weiter und hoffte auf günstigere Zeiten.

Der Alte blieb nie lange fort, zwei Stunden etwa. Und nie hörte man Hundegebell, alles war still. Claude dachte, daß der Alte nun Gelegenheit hätte, zu Sam, dem Wärter, zu laufen und ihn zu verpfeifen. Aber er glaubte nicht wirklich daran.

Der alte Mann kam mit Nahrungsmitteln zurück, zumeist in Dosen. Er erzählte Claude, es gäbe einen kleinen Laden an der Straße. Jetzt war Claude ganz sicher. Kein Ladenbesitzer würde solch einem alten, zerlumpten Kerl etwas auf Kredit verkaufen. Und da der Alte nicht arbeitete, um Geld zu verdienen, mußte er irgendwo welches versteckt haben, vielleicht sogar 'ne ganze Menge.

Von seinem dritten Gang brachte der Alte ein Hemd und eine Hose mit. Er hatte sie in seiner eigenen Größe kaufen müssen, um keinen Verdacht zu erregen. Doch obwohl Claude ein wenig größer war als der Alte, paßten die Sachen ganz gut. Der Junge legte seine Sträflingskleidung ab, und als er neu eingekleidet dastand, dachte er: Bald ist's soweit. Jetzt brauch ich nur noch etwas Geld.

Inzwischen glaubte er auch zu wissen, wo das Geld war. In Abwesenheit des Alten hatte er die ganze Hütte durchsucht, aber nichts gefunden. Also mußte der Alte es bei sich tragen.

Er bezähmte seine Ungeduld bis zum Abendessen. Es gab Würstchen, Tomaten und Pfirsiche aus Büchsen und dazu frisches Brot. Der Alte hatte sein Fleischmesser geholt, um die Würstchen zu trennen. Mit einer blitzschnellen Bewegung griff Claude danach. Und als der Alte von seinem Teller aufblickte, sah er, daß die Messerspitze auf ihn gerichtet war.

„Hör zu, Alterchen", sagte Claude. „Heute nacht hau ich ab. Ich brauche Geld."

Der alte Mann schaute den Jungen bekümmert an. „Ich hab doch versprochen, daß ich dir helfen werde."

„Ich brauch deine Hilfe sofort."

„Hab ich dir denn nicht neue Kleider gebracht?"

„Doch, aber jetzt will ich Geld. Ich weiß, du hast hier welches versteckt."

„Aber wie willst du denn den Hunden entkommen?"

„Ach, die machen so viel Lärm. Ich werde einfach einen Bogen um sie machen."

„Glaub nur nicht, daß dir das gelingt."

„Wir wollen beim Thema bleiben, Alterchen. Also, ich will Geld."

Der Alte starrte traurig auf seinen Teller. „Ich wußte genau, daß dies eines Tages passieren würde", sagte er. Dann blickte er Claude an, und sein Gesicht trug einen Ausdruck von Entschlossenheit. „Nein, Claude, heute laß ich dich nicht fort. Du mußt bis morgen warten. Die Hunde sind draußen."

Oh, ja, das stimmte. Und der Alte würde sie sicher noch herbeirufen, wenn Claude aus der Hütte schlich, um endlich frei zu sein. Er wollte ihn nicht fortlassen, weil er es satt war, allein in der Hütte zu leben. Also würde er ihn verraten – es sei denn, Claude hinderte ihn daran.

Der Junge beugte sich vor und stieß dem Alten das Messer zwischen die Rippen. Das geschah so blitzschnell, daß der alte Mann die Bewegung kaum mit den Augen verfolgen konnte. Er starrte verdutzt auf Claudes Hand, sah, wie sie langsam die blutverschmierte Klinge aus der klaffenden Wunde zog.

„Claude…"

Der Alte stürzte nicht zu Boden. Er sank zurück in eine Ecke, blieb aber aufrecht. Der Junge ließ das Messer fallen und begann hastig, die Taschen seines Opfers zu durchsuchen. Plötzlich bemerkte er, daß der Alte noch lebte und, die Augen weit geöffnet, den Kopf schüttelte.

Kaum vernehmbar murmelte er: „Da ist nichts, Claude... Joe Crawford... der Mann in dem Laden... er ist auch Postmeister... hat einen Safe... da ist alles..."

Claude starrte entsetzt auf den alten Mann. Was würde nun aus ihm, ohne einen Cent in der Tasche? Wie sollte er an das Geld im Safe kommen? So etwas mußte von langer Hand geplant werden, und dazu blieb ihm keine Zeit.

Am liebsten hätte er noch einmal zugestochen, aus blindem Zorn, um sich an dem alten Mann zu rächen. „Wenn Sie mir wirklich hätten helfen wollen", brüllte er, „dann hätten Sie mir das Geld hierher gebracht, so wie ich es verlangt habe!"

Er wollte sich nach dem Messer bücken, um noch einmal zuzustechen, doch da hörte er Hundegebell aus der Ferne. Wie gelähmt stand er da, am ganzen Körper zitternd.

„Hörst du sie?" flüsterte der Alte.

Ja, er hörte sie. Doch noch waren sie weit, noch konnte er sie umgehen.

„Will dir noch was sagen", murmelte der alte Mann mühsam. „Jetzt spielt's ja keine Rolle mehr. Hör gut zu, es ist wichtig für dich. Bin selbst ausgebrochen... aus demselben Gefängnis... fast neun Jahre ist es her... die haben mich aber nicht erwischt..."

Der alte Mann log, doch das war Claude jetzt gleichgültig. Er lauschte auf das Gebell draußen, trotzdem war ihm kein Wort des Alten entgangen. „Na klar", sagte er spöttisch. „Sie sind getürmt und haben sich dann gleich neben dem Kittchen niedergelassen." Der alte Mann nickte. „Hatte meinen kleinen Bruder drinnen... wollte ihm helfen, falls er entwischt... ist ihm aber nicht gelungen... ist drin gestorben, und so blieb ich hier..."

„Dieser Wächter Sam weiß, daß Sie ein Gangster waren. Wie kommt es dann, daß er Sie hier ungestört wohnen läßt?" fragte Claude.

Die Antwort des Alten war kaum zu verstehen. „Sam weiß, daß ich mal im Knast war... hab ihm irgendwas erzählt... mußte ich, weil Susan sich so anstellte... Sam konnte sich nicht an mich erinnern... aber Susan... sie war wie toll... ist's heute noch... hast es ja gesehen... ich hab Sam gesagt, sie könnte meinen Knastgeruch noch riechen... Sam lachte darüber... aber ich weiß es genau... die alte Hexe vergißt den Geruch eines entwischten Häftlings nie... nie, sage ich dir..."

Claude trat erschrocken ein paar Schritte zurück. Er wollte gar nicht weiterhören, doch die erlöschende Stimme des Alten verfolgte ihn – wie das Flüstern des Todes.

„Die alte Susan hat mich mal verfolgt, als ich zum Laden ging... sie kannte mich noch gut... Sam hat's nicht kapiert... Ich wollte dir helfen, wenn du fortgehst... wollte Susan von deiner Spur ablenken... nun kann ich's nicht mehr... laß dich nicht von ihr erwischen, heut nacht... sonst bist du verloren..."

Claude hatte den Rand des Sumpfes erreicht. So weit hatte er's geschafft. Nur noch fünf Meilen bis zur Straße, dann war er in Sicherheit. Geld hatte er keins, doch dafür war er in Freiheit. Ein neues Leben lag vor ihm. Er würde...

Und plötzlich hörte er es: das schaurige Aufheulen, triumphierend, fast frohlockend. Claude hatte es im Grunde die ganze Zeit erwartet, und trotzdem rannte er, rannte immer weiter, auch als ihm die Hunde schon dicht auf den Fersen waren.

CIP-Kurztitelaufnahme der Deutschen Bibliothek

Krimi-Knüller / Alfred Hitchcock. – München:
F. Schneider
(S-Krimi)
Teilweise m. d. Erscheinungsorten München, Wien,
Hollywood/Florida
NE: Hitchcock, Alfred [Hrsg.]

Bd. 11. Galgenvögel singen nicht / [Übers. aus d.
Amerikan.: Bettina Runge]. – 1986.
Orig.-Ausg. u. d. T.: Killers at large
ISBN 3-505-08983-4

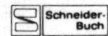

Übersetzung aus dem Amerikanischen: Bettina Runge, München
Originaltitel: KILLERS AT LARGE
Copyright © 1978 Davis Publications, Inc.
Umschlagbild: Photodesign Mall, Stuttgart
Umschlaggestaltung: Adolf Bachmann, Reischach
Lektorat/Redaktion: Sibylle Schneider-Tietz
Herstellung: Josef Loher
Satz und Druck: Presse-Druck Augsburg
ISBN: 3 505 08983 4
Bestell-Nr.: 8983

Spannende Krimis
von Alfred Hitchcock:

HABE ICH		WÜNSCHE ICH MIR
	Es ist hingerichtet Krimi-Knüller Band 1	
	Nicht die kleinste Spur Krimi-Knüller Band 2	
	Augenfarbe: giftgrün Krimi-Knüller Band 3	
	Ein teuflischer Drink Krimi-Knüller Band 4	
	Ein Hauch von Gift Krimi-Knüller Band 5	
	Einspruch, Euer Ehren Krimi-Knüller Band 6	
	Irren ist mörderisch Krimi-Knüller Band 7	
	Wetterprognose: Kugelhagel Krimi-Knüller Band 8	
	Blaue Bohnen zum Dessert Krimi-Knüller Band 9	
	Gesichtsfarbe: leichenblaß Krimi-Knüller Band 10	
	Galgenvögel singen nicht Krimi-Knüller Band 11	

Gib diesen Wunschzettel Deinen Eltern oder Großeltern oder allen,
die Dir gerne eine Freude machen wollen.

Edgar Wallace jagt das Phantom

Die 3
und der
schwarze Handschuh

„Heiliger Neptun!" ruft Pumpkin verblüfft.
„Da steigt wirklich Rauch aus dem
Ofenrohr. Irgend jemand muß in unser
Clubhaus eingebrochen sein!" Die drei
Freunde vom Dock Hurricane stellen den
vermeintlichen Einbrecher und geraten
dadurch in ein gefährliches Abenteuer.
Wird es ihnen mit Hilfe ihres berühmten
Freundes Edgar Wallace gelingen, das
Rätsel um den Mann ohne Namen
aufzuklären?

 Schneider-
Buch

LEUTNANT X

Geheimagent Lennet
wittert Verrat

Mitten in der Nacht klopft es heftig an seiner Tür. Geheimagent Lennet öffnet und läßt sich damit in ein Abenteuer ein, das viel gefährlicher und undurchsichtiger ist, als er ahnt. Wer ist hier sein Freund und wer sein Feind? Wer Verräter und wer nicht? Als er das herausfindet, ist es beinahe zu spät. Beinahe...

Das Besondere dieses Buches:
„Geheimagent Lennet" ist die erfolgreichste Jugendbuch-Spionage-Serie in Frankreich. Die Abenteuer des jungen Geheimagenten sind so spannend, daß er mit Recht als französischer James Bond bezeichnet wird. Das ist kein Wunder, denn hinter dem Pseudonym Leutnant X steckt einer, der sich auskennt...

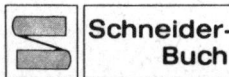

Schneider-Buch